U1011969

怎样做个优秀员工

李知非　编著

金盾出版社

内 容 提 要

企业与员工之间的关系，是水火不容，还是双赢？由于双方各自执著于自己的利益，导致双方往往成为不可调和的矛盾体。其实企业与员工之间是可以双赢的，本书从做个节约型员工、做个敢于胜出的员工、做个勤奋型员工、做个好相处的员工、做个忠诚型员工等五方面，介绍了如何做个优秀员工，从而达到员工、企业的双赢。本书通俗易懂、案例丰富，是职场人士走向成功的益友良师。

图书在版编目(CIP)数据

怎样做个优秀员工/李知非编著．—北京：金盾出版社，2009.11
ISBN 978-7-5082-6041-9

Ⅰ．怎… Ⅱ．李… Ⅲ．企业—职工—修养 Ⅳ．F272.92

中国版本图书馆 CIP 数据核字(2009)第 189842 号

金盾出版社出版、总发行
北京太平路5号(地铁万寿路站往南)
邮政编码：100036 电话：68214039 83219215
传真：68276683 网址：www.jdcbs.cn
封面印刷：北京精美彩色印刷有限公司
正文印刷：北京万博诚印刷有限公司
装订：北京万博诚印刷有限公司
各地新华书店经销
开本：787×1092 1/20 印张：7.8 字数：120千字
2012年12月第1版第3次印刷
印数：12 001～17 000册 定价：14.00元

(凡购买金盾出版社的图书，如有缺页、
倒页、脱页者，本社发行部负责调换)

序言 做老板的对立面还是倒影

在为企业做培训时，私下里很多次被员工问及这样一个问题，你为什么总是站在老板的立场上替老板说话，难道从来没考虑员工的利益？说实话，对于这种诘问，我有点不知所措，不是觉得理亏，而是觉得被曲解。我敢负责任地说，我所说的话都是公道的，如果有那种嫌疑，只能是彼此的出发点和考虑问题的角度不同。

这就像盲人摸象，各人都摸到了其中一部分，却都执著地认为自己掌握了真理。真理究竟是什么，还需要归位。

由于工作上的关系，我曾与美国、日本以及台湾的企业老板频繁接触，他们几乎一致认为，大陆员工缺乏责任心，缺失最起码的敬业精神。跨越两个文明，站在两个文化外进行比较，能得出相对客观的结论，所以他们的观点应该是客观的。

就事实而言，我们有多少人能够真正站在公司、企业的立场上思考问题，恐怕是身在曹营心在汉者居多。大多数人认为，我们之所以屈身于这里，并不是有多情愿，而是不得已而为之，一旦翅膀硬了，有了资本，便有飞出去的念头。

老板和员工是可以双赢的，正是由于各自都执著于自己的利益，结果导致双方成为水火不相容的矛盾体。作为员工，站在公司的对立面，纠缠于自己的立场，不可能得到理想的结果。

有些员工之所以优秀，能在职场呼风唤雨，必然与其能力有关，然而更为重要的一点是，他们知道站在企业对立面的结果会如何。只要仔细考量他们，便会发现一个心照不宣的秘密，他们都是老板的倒影。这句话的通俗解读就是，他们都是以老板的做事标准为标杆，严格要求自己，老板能做到的，他们也能做到，而且还能做得更好。

21世纪最需要的是人才，这句话说得已经很老套了。21世纪真正需要的是责任心和忠诚度。没有责任心，人才充其量是个花瓶，中看不中用。

我所说的要做老板的倒影，并非是溜须拍马而获得利益。从诸多成功人士的经历我们可以得出这样一个结论，他们无一例外是勤奋、敬业、负责任的。

做老板的倒影，对你、对我、对公司，是多赢的，有百利而无一害。

编著者

目录

第一章　做个节约型员工/1

微利时代，节约是每名员工的事情。节约相对于打拼市场创造利润，难度相对较小，节约下来的全是利润。只要具备节约意识，节约就在我们一点一滴的工作中。

节约下来的都是利润/2
不拿办公用品撒气/4
抠门出效率/6
节约是每个人的事/8
浪费时间就是浪费利润/9
让节约成为习惯/11
节约不是口号，而是执行力/13
节约需要思考/15
立即执行就是节约/16
公与私要分得明明白白/18
节约不是减少浪费/20

第二章　做个敢于胜出的员工/23

当我们口耳相传别人的奇迹时，是否想过，为什么奇迹不可以发生在我们身上。只要努力，具备敢于胜出的心态，我们就一定可以成为别人口中的传说。不要考虑结果，努力去做。

敢于胜利/24
做事一次成功/26
永远比对手快一步/28
把事做到最细/30
强调工作难是侏儒化表现/32
跟自己较劲/34
质疑自己的工作/35
要全力以赴,不要尽力而为/37
敏锐捕捉对工作有用的信息/40
对客户要有传教士般的热情/42
对工作充满饥饿感/43
抓住客户的心就能胜出/45
敢于在别人地盘上抢一杯羹/47
不怕别人说“不”/50
胜出——要自信的单纯,不要不自信的复杂/51
好人脉就能胜出/53
问题是卓越之母/56
自己才是自己的主宰/58
永不言败/60

第三章　做个勤奋型员工/63

工作,需要勤奋代言,它是我们走向成功的一条不可回避的路径。轻浮的人看起来都很聪明,但那不是真正的聪明。真正的聪明只有经过勤奋、踏实的检验后,才能分出子丑寅卯。

不需要督促,主动充电/64
勤奋——永不过时的主旋律/66
坐等出现不了奇迹/68
战胜懒惰的诱惑/70

勤奋,使成功者向更成功靠近/72
勤奋就是核心竞争力/74
勤奋胜于天赋/76
积极参加培训/79
勤奋创造奇迹/81
任劳任怨做好每一件小事 /83
机会靠勤奋获得/85

第四章　做个好相处的员工/88

毒蛇、恶虎与凶猛的飞禽没有关系,然而它们相见一定会互相号叫,为什么?因为它们都希望把对方置于死地。牛、猪不是八哥的坐骑,而八哥却可以在它们身上自由行走,这又是为什么?因为彼此并无恶意。身在团队中的我们,应像八哥和牛、猪一样,和睦相处。我们需要一个人的精彩,更需要一群人的狂欢。

不要苛求百分百的公平/89
谣言到此为止/91
宽容对待同事的排挤/93
正确对待上司的误解/95
尊重老员工/97
跟老板开诚布公谈加薪/99
婉转点出老板的不足/101
大度接受同事的升迁/103
坦诚面对公司未兑现的承诺/105
有原则地替老板办事/107
做个好管理的下属/109
不可打乱职场规则(一)/111
不可打乱职场规则(二)/113

第五章 做个忠诚型员工/116

这是一个忠诚稀缺的年代，虽然忠诚这个话题很陈旧，说了上千年，但正因为可贵，才会被不断强调。做个忠诚的员工，成功的系数就会大大增加。

帮老板解决难题/117
正确认识高薪挖角的诱惑/119
同公司共患难/121
我就是企业的品牌/123
对团队高度负责/125
服从第一/127
业绩——给忠诚价值/129
负责任就是忠诚/131
严守公司的秘密/133
私心不可过重/135
置身事外，是不忠诚的表现/136
公司中没有不关我的事/138
让产品零故障就是忠诚/140
忠于老板就是忠于自己/142
轻视工作就是不忠诚/143
诚实让人信赖/145

第一章

做个节约型员工

微利时代，节约是每名员工的事情。节约相对于打拼市场创造利润，难度相对较小，节约下来的全是利润。只要具备节约意识，节约就在我们一点一滴的工作中。

利润是企业的命脉,不能盈利,企业只是一具空壳。作为企业的主体——员工,如果不能为所效力的企业创造出应有的利润,员工的存在价值会被打上问号。不论采取何种方式,只要是在道德和法律许可的范围内,都要去创造利润,这是铁律。除此之外,一切都可以缓谈。

节约下来的都是利润

在许多人看来,日本企业是以抠门、小气甚至是斤斤计较示人。但是,即使是对日本企业反感的人,也不得不承认,日本企业的竞争力是很多企业无法相比的。正是由于抠门、小家子气,日本企业面对同行业竞争时常常立于不败之地。

我们常常感叹于日本企业的辉煌,而对于炫目背后的原因,则极少探寻,甚至是情感上的不屑一顾。其实,日本的企业都在秉承同一个理念:不多花一分钱。正是由于这种价值观,他们的企业才会做到最好。

三菱电机公司在员工入职时,便对其进行五心教育,节约之心被放在首位。即使在三菱公司工作多年的员工,也会被不断地灌输要有节约之心。培训新员工,是为了传承企业文化,向老员工不断地灌输,则是使这种文化不被冷落或淡忘。丰田汽车公司在开支方面也是斤斤计较,不会乱花一分钱。即使是正当的开支也要进行严格的考核。就连男厕所的便池也用白线画出两条脚印,定位而立,以便节省洗涤用水。

这种做法看似很呆板，缺乏人情味，但呆板背后体现的是人性。呆板和人性并非不可调和。只有规则被遵守，人性才得以彰显。打个简单的比方，很多民营企业都拒绝裙带关系，原因很简单，裙带关系有可能带来工作的无效率。拒绝熟人，可能会让人感觉没人情味，但由于使有能力的人上岗，会给公司带来不一般的价值，从而使公司得以良性发展。

企业正常运转，需要节约支持，很多企业都把节约放在重中之重的位置。如中国牛奶业巨擘——蒙牛集团，则把节约写成了标语置于食堂："如果你不能把饭吃完，请不要在这里就餐"，以便时时提醒员工。

节约可以提高企业的竞争力，有效控制成本是企业各项工作的落脚点和立足点。可是事实上，存在很多开长明灯、放长流水的员工，一些员工的节约意识仍然不强，举手之劳的节约也懒得理会。比如，有些员工常年跟机器打交道，对它们的性能应该了如指掌，可是一旦这些机器出现故障，不是请人维修就是申请报废，以新机器替代，带来的损失是巨大的。不是他们缺少发现问题的技能，而是节约之心缺失，主人翁之心缺乏。

勤俭节约是中华民族的传统美德，一个人一个企业如果想成功，决不能贪图享乐。成由勤俭败由奢，这个警钟已敲响了几千年。尤其在微利时代，节约是每个员工必然的选择。当然，可以找出很多的借口，为自己的浪费作依据，但节约是提高经济效益的必要途径，所谓泰山不让土壤，故能成其大；河海不择细流，故能成其深。节约看似不起眼，但事实证明，如果长期坚持，就能成就巨大效益。

相比于在市场上赚取的利润而言，节约更为容易，节约下来的都是利润。如果每个员工都能节约，企业即使处于微利时代，也会立于不败之地。

不拿办公用品撒气

我们试着设计这样一个场景：你的父母因为某件事情责怪你，而你感到委屈，于是拿家中用品撒气，结果会怎么样？肯定会被父母批评。

企业和家庭存在本质的区别，家庭是以亲情为纽带，而企业则是靠规章制度维系，人情在其中则较为淡漠。不拿办公用品撒气，看似是一个简单的话题，但却涉及观念问题。

老板和员工是一对相生相克的矛盾体，在中国尤其如此。中国是人情社会，不管做什么人情始终放在第一位，什么事好商量则是我们共同的心态。正是在这样的文化背景下，我们习惯于宽容体谅。这本没什么，可是一旦与企业相联系，问题则立刻出现。企业是靠制度约束人，人情被放在最低的层面上。很多在社会生活习惯了的员工对此则表现出极度的不适应。

老板批评员工，或是员工自己感到委屈，虽然不大会当面顶撞老板，但私底下拿办公用品撒气已是众所周知的事情，据一家网络调查的数据表明，80%的员工有拿办公用品撒气的经历。

周琳是一家公司的文秘，由于没能按时做好月计划，耽误了工作，被老板说了几句。周琳认为自己工作兢兢业业，老板交代的工作都能如期完成，而且自己从未消极怠工，到头来还是费力不讨好，一点无足轻重的小事却招来诸多不是。她感到委屈，便乘老板不在，狠狠敲打键盘，任意浪费纸张，还用公司的电话打私人电话，向朋友倾诉自己的遭遇。

郝莉是一家公司的策划，由于公司有一项目需要运作，急需她拿出一份详细的计划书。可是她写了三次，三次都被否决了。当然，老板不耐烦也是免不了的。应该说，屡次被否定，自尊会严重受挫。但她处理问题的方式却很妥帖，按照老板的意图又进行了几次修改，计划书最终付诸实施。

泄愤和忍耐其实就在一念之间，而两者导致的结果则截然不同。周琳被扣除三个月的奖金，而郝莉的奖金和工资则毫发无损。

办公用品员工有使用权，但没有浪费权。让员工使用办公用品，是去创造价值。有一点需要明白，员工还有使用这些物品的权利，很多人却连这点权利也无从获得，他们不停地奔波于一家又一家公司。在经济现状不乐观的情况下，饭碗比什么都重要。每个人都会有心情不好，情绪不佳的时候，需要发泄，但有个问题不得不提及，老板是出资人，遵照谁出资谁受益的原则，在法律和道德允许的范围内，老板有权利批评员工。这就好比上战场的士兵永远会得到将军的青睐一样，因为他们有可能献出生命，没有什么比生命更重要的了。

老板不是老师或父母，老师教书育人，不会和学生计较小事。父母是自己的亲人，情绪不佳发发脾气，爸妈也不会往心里去。理解了这些不同点，对处理和老板的关系十分有益。

网上有一家公司发布这样一条文告：从即日起，每个员工都要厉行节约，把成本缩减到最低。有意的浪费不仅仅是浪费问题，更是人品问题。

抠门出效率

沃尔玛公司在全球享有盛誉，其老板也多次位列富豪榜首位。包括业内人士在内的众多人都很好奇，都想探究沃尔玛成功的秘诀。经过调查发现，沃尔玛成功的秘诀很简单，就是节约。

著名的跨国企业，居然抠门得出奇：从部门经理到营运总监，随身携带的笔记本居然是由废报告纸裁剪成的；每逢节假日，公司的文职人员都要去卖场参与营销；所有员工不能在上班时间聊天、发私人信件、查与工作无关的信息；每月手提电话费单都要打出来，以便核实是否是正当支出……

沃尔玛总裁对这一切的解释却有点轻描淡写：一掷千金的虚荣能带来短暂的满足，持久的耐力则需要从一点一滴做起。这就不难理解为什么沃尔玛能做大做强，正是由于注重点滴，才成就了今天的沃尔玛。

思科集团的座右铭为“拧紧节支阀，念好抠门经”。在思科总部一间办公室的玻璃门上，贴了三幅从报纸上剪下来的漫画。漫画的主角有两人，一个是员工，一个是财务总监拉里卡特。第一幅画上财务总监问：“不是说过出差伙食要控制吗，你怎么可以超支?”第二幅画，财务总监仍在发怒：“不是早就说过了吗，开车时顺便逮只鸽子，到旅馆后用电熨斗把毛熥掉吃下去，省点饭钱。”第三幅画，员工小心翼翼地回答：“我的确照办了，但是电熨斗烫毛太慢了。”财务总监大喊：“为什么不一边开车一边烫毛。”

这是员工在戏谑财务总监拉里卡特，暗示其太抠门。不要误读了员工的用意，他们并非不满拉里卡特的做法，事实上，从公司高层到普通员工，每个人都很自觉地节约。

思科总部的办公楼、实验楼有十几座，但公司领导只占据其中一座一层的一隅。从总裁到所有高层领导，都只有一间背阴的小房间。为节省开支，不论是总裁还是普通员工，出差费都是一样的，超标部分都由自己承担。

通过这些抠门的手段，思科集团每年可节约开支几千万美元。细节决定成败，成功的企业之所以成功，绝不是无厘头的误打误撞，都会有其成功的秘籍。

为了虚荣，可能也是为了炫耀，抑或是责任心缺失，导致员工缺乏抠门意识。一根绳索不仅仅是一根简单的绳索，它可能连接着炸弹。当我们一次次地不屑于点滴时，原来企业早就形成窟窿。

节约是每个人的事

在吃自助餐时经常会遇到这种情况，一些人手中端着两个大盘子，选取两大盘菜肴，然而他们只是蜻蜓点水般吃了一点，然后就匆匆离开了，几大盘剩饭剩菜就放在那儿。

这种浪费现象并非个别，某电视台曾做过暗访，在北京一家中高档的餐馆，晚上九点钟，客人酒足饭饱后纷纷离席，可是在一个包厢里，服务员把三大盘剩菜和一瓶啤酒撤到另外一张桌子上。而在另一个包厢里，情况也大致如此。由此看来，社会公众的节约意识仍然淡薄。

有人会这样辩解，花的是自己的钱，只要自己能够承受，多吃一点并非是什么罪过，即使浪费也是自己的事。

健忘的确是件可怕的事，它能为曾经的痛苦抹平记忆，又能消磨掉本不应该忘记的现实。看两个简单的画面：一家高档餐厅里，满嘴油腻的人们在畅谈着今日的奢华。一个小山村，少年坐在一尺来高的桌子旁，对着一碗咸菜诉说着奢华之下的贫困。餐桌上的繁华与小桌上的清淡则是对现实社会两种极端生活方式的解读，如果将这两种生活稍微调和一下，将会发现，受困的人将更少。

浪费可以在别人的眼中炫耀自己的金钱和身份，能给人带来感官上的短暂刺激。可是，它带来的仅仅是肤浅的满足感，那一掷千金的痛快是否能带来面子则需要打个问号。

在美国，许多小学都开设了一门必修课——讨饭课。

按规定，要饭为期三天，由老师担任慈善机构员工负责分饭，而学生则扮演流浪汉、乞丐。由于每天所分的饭菜有限，且菜品质量很差，几天下来，学生一个个饿得面黄肌瘦，浑身乏力。由此，老师开始讲解这门课的意义——全世界每年有几亿人在忍受饥饿的折磨。

央视主持人水均益曾谈及一件事：他的一位同事去西北采访，晚上住在一老乡家里。第二天早上起来，发现桌子上放了一杯水，便毫不犹豫地拿起来刷牙。洗漱完后，他才发现，自己用于刷牙的水，竟然是这家人一天的用水。

对于一部分人可能司空见惯，对于另一部分人则是欲求不得，这就是现状。一杯普通得不能再普通的水，却在影响这家人一天的生活。如果我们把触角延伸得更远一些，则会发现，他们什么都缺唯一不缺的就是贫穷。

有句话说得好，财富是你的，但资源属于大家。不管是一个企业的职员也好，还是一个公民也罢，都需要具备节约意识。意识指导行动，细节体现价值。只有每个人都能充分理解节约型社会的价值，节约型社会才能真正得以形成。

浪费时间就是浪费利润

调查公司调查发现，中国员工浪费时间的现象严重，甚至有的员工每天花在网上处理私人事务的时间高达两三个小时，60％的员工有过上网浏览个人信件的经历，16％的员工上网下载过音乐，约有 8％的员工上网聊天。相信这样的统计数字会让老板气急败坏。

老板雇用员工，主要雇用两个方面：第一是工作能力，即员工把这份工作做好所应具备的素质;第二是时间。八小时其实是老板用资金换来的。员工个人不拥有这份时间,拥有这份时间的是员工的职业角色。而老板主要是通过这两个途径使员工创造利润。

一位美国华侨,在中国和美国都拥有自己的公司,他打了个比方对比中美员工的差距,如果美国员工一天尽职尽责工作八小时,中国员工专注于工作只有四五个小时。

利润靠员工的能力和时间累积,不论员工的能力有多高,如果时间不能保证,赚得的利润必然有限。一天工作时间八小时,实际只工作四五个小时,无形中打了六折,创造的利润必然有限。主动放弃本应获得的利润,对于公司而言,这就是浪费。

一建筑公司老板身价千万,但每天都要往工地上跑。有人不解,他回答得很实际,工地有几百号员工,如果每人每天浪费一小时,等于浪费了几百个小时,一年下来就不是小数目。

拖延时间、等待分派工作是另一种浪费,也许员工会有这样的托词:不是我消磨时间,而是工作没有下派,这不是我的错。或是:现在没有更好的机会,与其冒进,不如冬眠,等待机会再出手。抑或是:效益已经很好了,再去努力效益提升的空间已经不大,不如等待。

卡琳是一家药品销售公司的业务员,由于公司产品不错,药品经销商都主动购买这些药品。久而久之,卡琳所在公司的员工都产生很强的依赖心理,认为既然药品畅销，没必要主动联系，不如坐等客户上门。商场的现实是，不主动出击，优势就有可能一点点被蚕食，潜在的客户也在一点一滴的延误中丧失。很快，公司的业绩大不如前。

节约时间的方式有很多种，择取几点叙述如下：

1. 不要把时间浪费在惋惜上。如果经常为某些事情的失败而惋惜，不仅是浪费时间，而且还会造成心理上的压力。

2. 对所做过的事不要后悔。假如做错了，应尽力弥补，能补多少是多少。而懊悔不仅解决不了问题，还会浪费时间。

3. 午饭要简单。如果吃得太饱，下午容易打瞌睡，工作效率就会降低。

4. 把表拨快五分钟，以便提前开始工作。

5. 在衣袋里装上空白卡片，以便及时记下有用的信息。

6. 尽量在工作中寻找快乐，从而达到节约时间的目的。

7. 不要在不重要的事情上过多纠缠。

8. 每天早点起床。

让节约成为习惯

习惯，字典中的解释为：在长时间里逐渐形成的、一种不容易改变的行为、倾向或社会风尚。任何一个习惯的养成，都对个人产生积极的影响。节约也不例外，一旦养成，就会成为自觉的行为，不再需要他人的提醒。

有对老夫妇年轻时住在西北，后来随儿子住到城里。每到下雨天，老两口儿总是准备一些大小不等的塑料桶，放在院子里接雨水，然后把所接的水用来浇花、冲厕所等。晚辈不解，家里虽然钱财不多，但不缺这点水钱，何况楼层很高，老人上下也不方便。老两口儿解释说，这是他们从小养成的习惯，一到雨天，就不由自主地接水。

受老两口儿的影响，一到下雨天，小区里很多人都提着大盆小盆出来接水，这成了一道独特的风景。

这就是习惯的力量。

好的或坏的习惯，都不是与生俱来的，大多是受后天环境影响形成的。有人不是说吗，人是环境的产物。如果受到正确引导，则会形成好习惯，反之，则会形成坏习惯。

在一家外资企业工作的小柯去老板办公室送报表，恰巧这时电话响了，他一边拿起电话，一边撕下一张纸，将内容记录下来。老板看到后，很不高兴地说："记这点内容，需要一张纸吗？"老板的话让他一怔，随即感到很好笑，不就是一张纸吗，有什么大惊小怪的。老板是个聪明人，一眼就看出了他的不屑，对他说："亿万财产都是从一点一滴积累起来的，这儿浪费点，那儿浪费点，还有什么利润？"小柯想想，觉得老板的话也很有道理，便试着节约起来。他把每一笔开支都记下来，看看到底能节约多少。两个月后他发现,比以前节约了近千元。

节约一滴水、一度电、一张纸、一根绳,看似无足轻重,但积少成多,绝不会是个小数目。

个体对节约的无意识到有意识,需要一个过程。在这过程中,仅靠个人自觉是远远不够的,它需要不断地被灌输。同时需要必备的监督。

文化决定观念,观念决定心态,心态决定行为,行为决定习惯,习惯决定未来。因此,习惯具有决定性的根深蒂固的力量。短期的号召会产生暂时性的效果,要让员工自觉节约,还需要公司和员工两方面共同作出努力。更为重要的是员工,只有把自己当成公司的主人公,才能不缺斤少两地去节约。

节约不是口号,而是执行力

形形色色的口号我们喊了好多年,但有多少口号能真正深入到我们的内心则很难说。德国一家驻华公司的大堂里挂着这样一幅标语:“节约不是口号,而是执行力。”直白的解释就是,不要把节约仅仅当成口号,而是要消化它,把它转化成一种执行力,才能收到效果。

抗战时期,胡适担任中国驻美国大使,1942 年离任回国。在那个时代,社会名流或是普通民众对宋、孔两家的印象普遍不好。胡适也不例外,并且在给友人的信中也提及过。当胡适回到国内时,孔祥熙和宋子文都给他来电,告诉他，如果有困难尽管找他们。胡适一口回绝了，他的理由很简单，一个口口声声喊爱国的人，居然明目张胆地敛财，他们所说的还能有多少真实的成分。

在胡适看来，口号只有兑现为行动，才会打动人心，否则，跟谎言没什么区别。

再如，一些企业喊节约喊得震天响，但真正落到实处的不多。他们这样做的目的只有一个，迎合上级的命令。据调查得知，很多的高档写字楼白天灯火通明，员工上卫生间流水哗哗作响。嘴上说节约，背地里照样浪费，是很多人的通病。

其实，一个真正懂得节约的员工，会把这个口号铭记于心，自觉转化成一种行动。

德国富太公司几年前只有100多人，今天已经成长为拥有2000人的大公司。公司之所以发展得如此迅速，不仅与员工工作努力有关，还有一个很重要的原因就是员工绝对遵守公司的规定。在富太公司，很难看见员工自觉和不自觉的浪费。在他们看来，这不是体现员工的素质，而是公司有这个规定。公司的规章制度上关于节约只有四个字："杜绝浪费。"正是员工自觉践行公司的各项规定，才使得富太公司在短短几年时间里不断发展壮大。

如何把口号转化成员工实际的执行力？除了员工自觉执行外，公司也应作出相应的规定，明确对等的奖惩标准。有了硬性要求，员工会逐渐适应并自觉执行。

节约口号已喊了很多年，这不是一阵风，希望能实实在在地吹进每个员工的心中。

节约需要思考

节约分为两种，一种是显性节约，即明眼就能洞察出的节约；另一种是隐性节约，节约隐匿在工作背后，需要思考才能发现。

经常可以看到这样的场景：某个办公室打印机出现了故障，工作人员乱作一团，不停地从楼上往楼下跑，找打印的地方；或是众人共用一个打印机……问题看似出在打印机上，实质责任在人。

办公用品出现问题的情况经常发生，有些小问题，只要多动脑筋，自己完全可以解决，比如打印机的灌粉等。既可以避免浪费时间，又可以减少维护费用。问题的关键在于，员工有没有节约之心，是否有责任感。

节约一分钱，比赚一分钱要容易得多。只要员工仔细思考，细心盘算，就可以将这些看似不得不支出的部分收入企业的腰包。

她是一家公司的打字员，由于公司电脑大多用了好几年，经常出故障。刚开始，她不得不一次次地去维修。后来，老板烦了，她也烦了，便开始琢磨起维修来。

经过一段时间的学习，她发现，只要肯思考，维修其实很简单，她甚至为先前一次次的维修感到好笑。此后，只要公司电脑有故障，她就维修，避免了来回奔波不说，也为公司节约了维修费用。

有一地主，家里屡次失火，虽然每次都扑灭了，不过损失还是颇为惨重。有人提醒他说："在你家的过道摆放几个盛满水的缸，一旦发生火灾，也可以及时扑灭。"地主觉得这主意不错，便采纳了。又一次的大火发生时，及时被扑灭了。

但地主很困惑，这个方法虽然奏效，但治标不治本，不能从根本上解决问题。

正当他束手无策时，有个来他家拜访的客人对他说："你家烟囱弯曲，导致火苗出口不畅。加之周围堆放着过多的干柴，极易引起火灾，不如把烟囱改制，把柴堆搬走。"

这个法子果然有效，此后再也没发生火灾。

这两个故事，告诉我们同样一个道理，节约不是随便就能看出那么简单，它需要我们花心思去考量，随后才能找出奏效的方法。

企业的亏损或是盈利，并非仅仅是老板一个人的事，与员工息息相关。如果说企业是一台机器，利润就是燃油。倘若利润下降，企业这部机器将很难运转，此时节约问题的最好办法就是压缩成本，挖空心思挤出成本中的水分，直到一点水分没有为止。

立即执行就是节约

决定企业竞争力的原因很多，但成本、员工的执行力无疑是很重要的因素。假使成本很低，但员工的执行力很差，所具备的优势根本体现不出来。这两者是在竞争中胜出的不可缺少的条件。从某个层面上来说，执行力是更大的节约。

法国诺朗公司总裁柯里兰曾说：“不要把眼睛只盯在压缩成本、技术创新上。要把眼睛盯在员工的执行力上。只有他们执行到位了，技术改进、压缩成本才有意义。”

无独有偶，比尔·盖茨也说过类似的话，他在接受记者采访时曾说，只要一个决定作出了，就应要求员工以最快的速度去执行。这是创造更大利润的极好途径。

通俗一点说，这就好比男女青年谈恋爱，本来双方都对对方有好感，但男方由于羞涩不知表达，女方又腼腆，彼此一直未开口，结果女方另外嫁人。机会就在等待中一步步丧失，美好的姻缘也成了泡影。这也是执行力不够造成的。

这个道理其实我们都懂，一个好的产品，如果缺乏快速有效的执行，不出几个月，对手就会抢先登陆，占领高地。那种“酒香不怕巷子深”的理念已经过时，在瞬息万变的社会，需要的是立即执行，它能带来丰厚的利润。

所以，只要作出了决定，就应该在第一时间执行，一点点的懈怠都可能贻误战机，从而丧失巨额利润。很多成功的案例都能说明这个问题。

世界著名的3M公司素以敢于创新著称。但很多人都不知道，在3M公司有一个不成文的传统，一旦董事会作出了某产品投产的决定，从领导到员工，上上下下会立即行动起来，以最短的时间把产品推向市场。

3M公司曾研制过一种胶水，生产出来后发现，产品黏性不够好。产品还未出厂，就被勒令禁止推向市场，3M同时命令研究人员改进技术继续研究。那段时间，几乎每一个技术人员都在没日没夜地工作，终于在最短的时间内研制出了黏性颇佳的胶水。

公司从老板到员工，从广告宣传到身体力行的促销，以最快的速度把产品推向了市场。由于该胶水黏性较同类产品效果更佳，加之行动快速，结果大获全胜，基本占领了这个市场。随之而来的效果是，3M公司从这个产品中获得了巨额利润。

这个产品之所以盈利，取决于两方面，一是产品性能得到了及时的改进，二是推向市场的速度快捷，宣传到位。这两点都是执行力促成的，倘若哪个环节出了问题，结果都不会很如意。

在产品同质化严重的今天，赚取利润一方面靠勤俭，控制成本；另一方面，也需要强有力的执行。只有执行到位了，生产出的产品才能最终转化为实实在在的利润。

节约，从快速、不折不扣的执行中获得。

公与私要分得明明白白

周华是一名普普通通的山区民政干部，淳朴的民风孕育了他淳厚、善良的性格。他没有过奢华生活的打算，在他看来，工作就是工作，生活就是生活，二者是一对平行线，不可纠缠在一起。

他的女儿在镇上上学，离他办公的地点很近，可他从没让女儿跟他吃过一顿饭。由于刮大风，他父亲和弟弟种的玉米被风刮倒，政府发放了救济款，很多人都从他那儿得到了补偿，而他的父亲和弟弟一分钱都没得到。

中山大学的梁钊韬先生，是位知名的学者。梁先生出生于富庶家庭，从小养成了慈善之心。他对慈善从来都不吝惜钱财，而对自己的家人则很抠门儿，不许乱花一分钱，更不许公私不分。

他妻子曾讲过这样一件事："有一天，保姆带着他的女儿来到办公室，当孩子要求拿一张纸用来画画儿时，被梁先生拒绝了，他的理由很简单，这不是他们家的财产。"梁先生每次出差，也从不带妻儿前往。

中国人在法、理、情的排序上，往往会排成情、理、法。不可否认，情是维系社会不可忽视的纽带，但它如果泛滥也会带来极大的弊端。

西方人讲究自由奔放，看起来好像无逻辑、无秩序，可以天马行空地作为，其实他们也存在极其古板的一面。在他们看来，有些东西是不能混淆的，黑就是黑，白就是白，二者要分得一清二楚。

吴利民是杜邦公司中国区工程部经理，某一天，他的员工为他报销电话费用，他勾出了电话清单中的私人电话部分。旁边的人看了不解，年薪二十万的经理，至于为这区区几十块钱斤斤计较吗？他解释说，公是公，私是私，公司有这个规定，作为经理，应该带头执行。

侵占的企业利益可能是很小的一部分，但这种想法一旦形成无所谓的情绪后，不仅自己会不自觉地维持这种情绪，还会产生多米诺骨牌效应，身边的人会纷纷效仿，数目也就在无所谓中一点一点被放大。

公与私要分得很清楚，既是一种素养，也是一种执行力。只有把公私分开了，我们才有可能成为一个清白的、受老板重视的员工。

节约不是减少浪费

"节约"和"减少浪费"，看起来颇像一对孪生姐妹，很容易被互相替代。因此，很多人不能作出理性的分析。简单一点解释就是，节约是釜底抽薪，砍掉一切不必要的支出。减少浪费则是扬汤止沸，虽能解决一些问题，但不必要的开支仍然存在，本质上仍是浪费。

"节约不是减少浪费"，这句话出自德国富兰公司总裁之口。说这句话的缘起是，每次他走进公司时，在阳光充足的情况下，看见很多办公室依然开着灯。有的虽自觉少开了一些，但在他看来，仍没有那个必要，因为阳光足够充足。

英国女王伊丽莎白二世经常挂在嘴边的两句话，一句是："皇族可以拥有很多钱，但不能多花一便士。"另一句是:“节约便士,英镑自来。”每天深夜她都亲自关掉白金汉宫小厅堂和走廊上的灯,且坚持让皇族成员把牙膏挤到一点不剩为止。

比尔·盖茨来中国访问,接待方准备盛情款待,谁也没想到,他只要求上三道菜,而这三道菜又是极其的普通。众人不解,比尔·盖茨给出的答案非常简单:“一个人有这么大的胃吗?”微软之所以能快速成长,并迅速成为世界性的企业,得益于不乱花一分钱,正确使用每一分钱。

伊丽莎白和比尔·盖茨所做的都是节约,砍掉一切不必要的支出,这是每个企业走向成功的落脚点。作为一名员工,理应成为节俭者,而不是找借口替自己开脱。

“我已经减少浪费了,你还能让我怎么样?”心态上的自我满足会使自己误解事情的本质,从而为错误寻找合适的依据。在貌似合理的背后,是责任心的缺失和对事情的不了解。

节约不是减少浪费,可以从方方面面的工作中体现出来。比如,如果你是采购员,是该让商家一次把价格降到最低,还是被欺骗,导致蒙受损失?再比如,如果你是外勤,是否每次出门都预先确定最佳路线,以便替公司节约开支?这些问题很容易作答,但落到实处的人寥寥无几。

她是一家超市的采购员,去工厂采购玻璃杯,经过一番摸底,双方均亮出了底牌。最后厂家在她的要求下做出了让步,每个玻璃杯降价五毛钱。她有点自鸣得意,认为自己的努力给超市带来了不小的利润,为此进了不少货。

然而令她吃惊的是，她采购的玻璃杯价格，居然是其他超市的零售价。为此，老板没少指责她。她还感觉很委屈："我已经尽了最大的努力了，还能要求我怎么做？"

她的错误在于，把减少成本当成了节约。商场如战场，商人每一分钱都不会轻易做出让步。当他们恼羞成怒或是悻悻然时，有可能是假象，在其愤怒的背后仍然是高额利润。这就好比去市场上买东西，卖家被你讨价还价弄得很愤怒，然而你准备离开时，他会在第一时间让你回来成交一样，他们是在以愤怒掩盖真相，诱你上当。年轻的她由于缺乏经验，加之没能摸清对方的真实底牌，结果导致成本浪费。

节约和减少浪费在一线之间，正确区分它们除需要责任心外，还需要经验、学识。只有当这些条件全都具备后，才可以在两者之间做出清晰而正确的判断。

第二章

做个敢于胜出的员工

当我们口耳相传别人的奇迹时，是否想过，为什么奇迹不可以发生在我们身上。只要努力，具备敢于胜出的心态，我们就一定可以成为别人口中的传说。不要考虑结果，努力去做。

没有人天生就具备胜出的能力，一些人之所以卓越，成为人群之中的佼佼者，在于他们具备敢于胜出的心态，以及不达目的誓不罢休的气势。具备了这种心态，连上帝也阻止不了我们成功。没有谁值得羡慕，如果去做，我们也一定可以成为人群中的翘楚。

敢于胜利

1999 年，著名指挥家小泽征尔回到出生地沈阳，他决定指挥辽宁交响乐队上演《德沃夏克第九交响曲》。第二天，在排练完第四乐章后，小泽征尔的脸色骤然暗了下来，低声自语道："怎么会这样？这样的乐队怎么能演出！"忽然，他将指挥棒重重地敲了一下乐谱架后说："从明天起，我们进行个人演奏过关训练。"这等于说，每个人需要从基本功训练开始。这绝不是大师级指挥家做的事。

此后，每天工作六小时。到了第三天中午，小泽征尔实在太疲劳了。他先是坐在地板上指挥，后来干脆就跪在地板上指挥，脸上的汗水挥洒在乐谱和地板上。他一次次地纠正第一小提琴手，但是她还是难以过关。望着大师被汗水浸湿的头发和疲惫的眼神，第一小提琴手难受极了，先是流泪、抽泣，后是失声痛哭："大师，对不起，您另选他人吧，我不行。"在场的人都以为大师会发火，不料他却和悦平静地说："你行，只差一点点，请再来一次。"

当她演奏完一遍，大师捋起头发："谢谢，请再来一次好吗？"就这样，当第一小提琴手过关时，她已经泣不成声。大师大口喘息着拉过毛巾笑着说："你们都行，谁也没有理由泄气。”

除了天分，小泽征尔拥有更多的是坚持和敢于胜利的心态。

“敢于胜利”不是个轻松的话题，很多员工由于现实的困难，潜意识中存在“缴械投降”的想法，一旦被困难“激活”，再遇到这四个字便倒下。敢于胜利不需要懦弱，也不需要浅薄的鲁莽，它需要的是面对困难的坚持和成就梦想的信心。当这两者完美结合在一起时，敢于胜利才能演绎为胜利。

在培训师给企业做培训时，几乎无一例外地碰到这样的问题，该怎样克服胆怯的毛病。这既是员工的痼疾，也是老板最挠头的问题。

心理学把这一问题叫做心理障碍，意思是，难以扮演好自己的职业角色。解决这一问题的办法其实很简单——站在失业的边缘思考。这种解决方式看似残酷，但比无效的宽慰和普通的激励效果好很多。

不妨做这样一种思考：现在是经济过剩时代，矛盾已不是“有”与“无”，而是“优”与“次优”。当我们认为自己已做得很好时，很短时间内就会发现，其实比我们做得好的人还有很多。人才也一样，现在人才相对过剩，那种认为人才短缺其实是一种睁眼说瞎话的愚人之举。当你不能从“优”与“次优”中做出果敢选择时，很有可能踏空你所拥有的工作。

在一家企业做培训时，有一业绩很好的员工向大家介绍了自己的经验。他说了很多,其中最有价值的话有两句:别人能成功,我为什么不能成功。不要畏惧跟人打交道,即使被别人拒绝也不要往心里去。这两句话洞悉了畏难心理的症结。

任何一个员工都需要突破这个心理防线。突破职业障碍指望不了别人,他人只能提供些修修补补的边角料,而整块布怎样裁剪则需要自己衡量、琢磨。

李开复曾说过,每个人都能成就最好的自己。只有在你敢于胜利时,最好的自己才会立体化呈现。

做事一次成功

安德鲁·卡内基曾说过,有两种人绝对不会成功,一种是除非别人要他做,否则绝不会主动做事的人;另一种是即使要他做,也做不好的人。还存在一种人,可能会成功,但成功的时间会相对漫长,这就是做事需要几次才能做成的人。

姑且不论前两种人在职场存在的价值,就第三种人而言,卡内基的解释给出了一条重要信息,我们是否一次就把它做成,这关系到我们是否能成为最优秀的员工。

卡内基的解释与调查结果不谋而合,据调查公司调查发现,一次做对可使企业生产效率在现有基础上提升10%～30%;订单交期延误率降低30%,甚至同行业最低;质量不良率在现有基础上降低20%或更多;库存和材料浪费在现有基础上减少20%。数据很枯燥,但得出的结论却很有说服力。在这些数字的背后,考量的是员工做事的成功率、责任心及头脑。

很多员工这样申辩，偶尔一次成功并不难，能否每回都能一次成功则需要打个问号。这种退而求其次的回避方式多少有些令人无奈，它不是一种最优员工的心态，透出的是次优与一般员工的自我逃避心理。

从陈胜、吴广“王侯将相宁有种乎”的呐喊，到阿Q的精神胜利法，其实都是对“口耳相传”成功方式的否定和背叛。而在我们的潜意识中，还是没能走出“王侯将相就是有种”的心理怪圈，于是，一个个很荒诞的传说便流传开来，“他能成功全靠他有个好爸爸”，“他起点高，所以他成功当然容易”……在口耳相传中，我们一次次接受所谓的命中注定。其实，没有人天生就能胜出，关键在于是否想成就卓越，及做事的效率有多高。当你每做对一件事时，成功就靠近了一步。

她出生于农家，师范毕业后只身去了南方，在一家教育集团谋得一份工作，开始了从教经历。在民营集团工作不比事业单位，全看付出多少，怎样工作。在她的周围不是本科生就是研究生，这对她是个考验。

她懂得这样一个道理，哪怕有一点点缺陷，在这个高智商的团队中都会被无限放大，必须具备超强的过人之处才能在强手如林的竞争中谋得一席之地。

她的同事一个个铆着劲儿往前赶，循规蹈矩的努力方式基本失效，差距仍然无法弥补，更谈不上超越。她想出了被别人忽视的秘方：做事一次成功，决不允许重复。一次做成，无形中她比别人节省了很多时间。

面对班上的富家子弟，别的班主任磨破嘴皮却无功而返时，她的一次倾心畅谈就能解决问题，她所教的知识只讲一次学生就能吸收……

很快，她的工作得到了家长的认可和集团老总的赞赏，她被提拔为校长。在她担任校长期间，努力推行一次成功法，很快学校的办事效率提高了很多。在她担任校长期间，招生率比以前高出三到五成。由于业绩突出，她又被提拔为集团高级秘书。

她的优秀并非全部源于聪颖和天分，相反，还存在先天不足——学历低。她之所以成功，在于她内心不断的自我强调，做事只允许一次成功，不许无功而返。正是由于这种执著，才使得她最终成就了卓越。

永远比对手快一步

竞争永远是惨烈的，它就像战争，如果你犹豫，就有可能被对手射杀。落后别人一小步，整个工作就有可能全盘落后。能力相当时，比的就是速度。如果对手抢先一步登陆，你为失误所进行的弥补有可能是续貂的狗尾，添画的蛇足，没有效果。

你也许会在心中哀叹："这块市场原本是我的，为什么一袋烟的工夫就变成了对手的囊中之物了呢？"竞争中的你迁我变具有不可预测性，当你自认为差不多能拿下这块市场时，却因晚来一步将优势葬送。

其实，任何一份工作都存在一个最终落脚点的问题，当这个落脚点还没有最终定音时，一切都是个未知数。

做事拖拖拉拉是工作的大忌，它不但稀释了企业的利润，无形中也培养了对手的竞争力。

正如钱伯斯所言，随着计算机的不断发展，市场发生了巨大的变化。企业过去依靠的优势是成本、质量、技术、渠道等，但现在，这一切都不再是最终的决定因素。如何充分利用时间，比对手快一步赶到，成为越来越多企业成功的关键。

2006 年的一次台风，使福建沿海遭受巨大损失。原本以为渔民会痛苦不堪，但实际情况并非如此。台风过后，海滩上聚集了很多人，男女老少，挑筐提篮，有说有笑。他们来海滩捡鱼、海产品。去得最早的收获最多，满满几大筐的成果是对他们快人一步的褒奖。而后来者，不是两手空空，就是收获甚少。

新鲜的板栗最为抢手，谁都希望自家的板栗能快点运到镇上去，卖个好价钱。大家争先恐后地摘板栗，然后运到镇上。可是，人们发现，有个人几天下来都赶在他们前面，把板栗卖掉了。原来他走的是崎岖小路，在出门时间相同的情况下，走山路要缩短三分之一的时间，这就是他胜出的秘密。

很多时候，我们拔高了领先别人一步的难度，结果导致畏惧心理。如果把这一命题做一简单化思考，你将发现,比别人快一步并不具备高深的技术含量,它甚至显得有些笨拙。率先走上海滩的渔民收获颇丰,走崎岖山路能快点卖掉手中的板栗,只要肯干,你也能做到。

把事做到最细

一位研究旅游的学者,曾在北京首都机场对外国旅游者进行调查。调查的内容有,对旅游目的地满意度如何、对中国的旅游价格的评价等。但当一位操着流利汉语的外国人问,对中国饭店的价格非常满意,那该如何填写。这位学者犯难了。他本以为自己所做的调查表已经很详细了,可是还是有很多的漏洞。饭店价格虽包含在旅游价格之内,但又不是同一个概念。如果外国人仅仅对饭店价格满意,而对诸如餐饮、车费、门票等价格不满意,又该怎样处理。

这位学者很受启发,他得出了一个观点是,任何一个粗疏的思考都有可能带来模棱两可的结果,只有把工作做到最细,工作中出现的意外才可能降至最低。

把事做细是个老生常谈的话题,之所以不惜篇幅地议论,不外乎是我们还缺乏做细的心态和技能,对做细的价值缺乏必要的考量。

1994 年,物美公司只拥有一家超市,销售额不过几千万,到了 2004 年,则发展成为拥有 500 多家超市、85 亿销售额、一万多名员工的大型公司。物美集团火箭般的蹿升速度令人惊奇。

物美的员工可不这样想，他们认为这是一种必然。员工有的来自国企，有的来自私企，物美汇集了各行各业的精英。他们无论出身如何，到物美的第一件事就是培训，培训的第一堂课就是把事情做细。不论你何时进物美，随意问一名员工，他在物美最大的感受是什么，口径会非常一致：物美的工作做得很细。

在别人眼中看是奇迹，而在自己人看来是理所当然，这是因为他们更了解公司的要求和办事原则。

二战时期，盟军将领蒙哥马利和德国将领隆美尔在非洲激战，双方僵持了很长时间。蒙哥马利苦苦思索破敌良策，反复回忆自己的失误。忽然，他的眼神扫到了那张挂在墙上的地图。他发现，这张地图绘制得比较粗疏，对作战不利。他便立刻让一个参谋重新绘制一张地图，要求必须把周边的地形都画得仔仔细细。参谋花了近十天的时间，绘制出了自认为很详细的地图，交给了蒙哥马利。想不到的是，蒙哥马利一打开地图，脸色立刻一沉，斥责道："我的要求是很细，细到每一个村庄、每一条河流、每一条小路、每一条小丘的具体位置，而不是这种地图。"参谋按照蒙哥马利的意图，重新绘制了一张细得不能再细的地图。

有人曾有理有据地分析过，蒙哥马利的胜利主要应归功于天时以及盟军的大势。其实这只是一种隔靴搔痒的见解罢了，没有触及问题的本质。在对垒隆美尔时，蒙哥马利几乎把每件事都做到了最细，重新绘制地图只不过是其追求精细的一个缩影而已。

粗疏变成精细，囫囵吞枣变成细嚼慢咽，粗线条勾勒变成工笔画精雕细刻，精细到了极致就是竞争力。

强调工作难是侏儒化表现

一本《狼图腾》火了好几年，纵观全书，它的引人之处在于提出了一个与传统理论背道而行的观点——只有具备狼性，才能觅到良好的生存空间。这一观点在越来越开放的年代，显得光彩照人，迎合了大众的胃口，逢迎了现实的需要。

不可否认，现实是需要狼性的。我们需要的是像狼一样思维，像狼一样勇往直前。

工作从来都不会轻松，强调工作难做，其实就是侏儒化心态。所谓侏儒化心态，就是指自己看轻自己，放弃激发自己潜能的契机，甘愿平庸。这种说法看似不近人情，其实它有着冰冷之下的温暖，置之死地而后生的关爱。不断暗示工作的难度，会让自己心灰意懒，很有可能拱手让出本该属于自己的那份薪水。

拿破仑小时候非常好斗。有一天，他跟一位比他年长的同学打架，一个眼圈被打黑了，就在这时，上课铃响了，拿破仑只好走进教室。下课铃一响，他又冲了出去，接着打，结果又被打黑了一个眼圈，这时上课铃又响了……到了中午，下课铃一响，他又冲了出去。那个年长的同学忍受不了他的纠缠，大声叫："你到底想干什么？"拿破仑说："除非你向我道歉，否则这事没完。""好的，我向你道歉。"

如果把拿破仑比喻成你我的话，那位年长的同学就是工作。只要我们具备足够的信心，貌似强大的东西根本没什么。可怕的是，我们把其理想化、高大化，未战先怯。

我们不妨把难做改为“做难”，这种调换看起来似乎只是一种简单的文字游戏，其实就像暮鼓和晨钟一般，经常被混淆，实质上它们属于两个世界。难做是一种畏缩的心理，而做难则是无所畏惧的心态。调换一下，结果天壤之别。

47岁的苏姗是英国一位平凡得不能再平凡的女性，她相貌普通，身材臃肿。按照歌唱演员的标准，除了声音，方方面面都达不到要求。可是由于她始终坚持自己的梦想，参加“英国达人”选秀节目，最终一鸣惊人。

不妨看看她的经历，出生时缺氧，导致学习能力基本丧失；长大后屡次参加选秀，却因发挥不佳屡遭淘汰；47岁前，她甚至未得到任何一位异性的青睐……平常中略带些辛酸的经历，却成就了她今日的荣耀。

我们内心深处，谁没有过超凡的梦想，只是由于现实的磨砺，那耀眼的部分被销蚀得日渐暗淡。苏珊与我们不同，时间的水性没有中和梦想的浓度，在看似偶然的机会中获得了必然的结果。我们总是热衷于相传别人从灰姑娘变成白雪公主的故事，是否想过，只要我们努力，完全可以成为别人口中的传说。

只要梦想不死，我们照样可以胜出，照样可以得到属于自己的那份荣耀。

跟自己较劲

跟自己较劲,永远都是个艰难的话题。说它艰难,是因为谁也不愿意对自己下狠手,谁也不忍心对自己下狠手。

但是,现状逼迫我们不得不作出这样的思考:对自己的宽容吝惜是否能换来别人的不作为。在我们还在自我安慰时,别人已经上路了。这就好比水落石出和水涨船高的关系,如果对手是水,我们只有两种选择,做石头或做船。我们无法控制对手,等待水位下降,石头冒出来,这种机会犹如守株待兔。更多情况下,需要做船,永远比水高出一部分,才能在竞争中胜出。

牛根生说:“一个企业的成败往往就在一两点上。每天进步一点,每天突破自我,就能走到别人前面。敢于跟自己较劲的,在欧洲是德国人,在亚洲是日本人,在中国是蒙牛人。”

跟自己较劲是无法回避的选择,它是成就卓越道路上一条不可绕行的关隘。“淡泊名利”,“平平淡淡才是真”,说这些话的人有两种:一种是甘愿平庸的人,他们喜欢用这些看似禅味十足的话麻痹自己,其实与叹息没什么两样。另一种是过来人,他们已经拥有了名利,可以摆出一副高姿态,以长者的身份教育后来者。

鹰是这个世界上寿命最长的鸟类,它一生可活七十年。但要活到七十岁,必须在四十岁时选择挑战。四十岁时,鹰的爪子开始老化,无法有效地抓住猎物;鹰的翅膀也变得异常沉重，羽毛几乎像没有修剪过的绵羊毛一样厚密。此时，鹰有两种选择，要么等待死亡，要么蜕变，最终得以重生。

鹰一般会选择后者，会努力地飞到山顶，在悬崖上筑巢，停留在那里，不得飞翔。鹰首先用它的喙啄击岩石，直到老的喙脱落，新的喙长出来。然后再用喙把指甲一根根拔出来，当新指甲长出来后，再把羽毛一根根拔掉。五个月以后，新羽毛长出来，鹰便获得了新生，可以自由地飞翔了。

命运不可能无缘无故赐予你更多，对手主观上也不会给你任何机会。成功的唯一途径是，改变你自己，跟自己较劲。

在蒙牛集团，只要在食堂里找到一只苍蝇，就可以向食堂经理索要五十元。牛根生把它解释为培养员工的较劲心态。在蒙牛，上班迟到，开会时手机响了都要遭罚。刚性约束变成了员工自觉行为，潜移默化中员工培养出“较劲”的素质。

关爱的滥用最得不偿失，这种滥用有可能使自己在竞争中完全处于被动的位置。为了活得好一点，必要时对自己狠一点。正确面对自己的生存处境，恰当关爱自己，才有可能突出重围，谋得一片属于自己的天地，从而走向卓越。

质疑自己的工作

“质疑”，词典中的解释为“提出疑问”。不妨把这个概念延展开来，做一个开放性的探讨：“质疑”不仅仅具备提出疑问的功能，落实到工作中，它其实是对约定俗成工作方式的扬弃，是对四平八稳工作风格的重新整合。

员工热衷于四平八稳工作方式的原因是：它容易掌握，只要具备一定的学识，工作起来不那么困难。而挑战自我，质疑自己的工作，无疑是把从技术层面可以掌控的工作拔高到了艺术的高度，等于给自己带来不必要的麻烦。在习惯了"不求有功、但求无过"的文化熏陶后，约定俗成的工作方式最讨巧。

现在的问题是，很多企业需要的是不断进取的员工，四平八稳的工作方式已不受欢迎。曾任花旗银行首席执行官的桑迪·维尔说："我不需要只会工作的人，到这儿来上班，既需要工作，也需要突破。"潜台词是，对自己的工作提出质疑从而达到完美。

经常听到这样的说法："这个我也能做。""这个不难，我也可以胜任，没什么大不了的。"……这些议论至少透漏出三条信息：第一，所说的是事实，这些工作我们的确可以胜任。但是，越是多数人能胜任的工作，就证明这个职位越危险，因为它不具备不可替代性。没有多少含金量的职位缺乏安全感。第二，为什么可以这样说，因为从事这些工作的人根本没有质疑过自己的工作，未能提升工作的难度和高度。守着看似平庸的岗位，做着理所当然的平庸的工作。第三，是否只想和他们做得一样，而不是比他们做得更好。

每一份工作都可以化腐朽为神奇，在看似无从改进的职位中，还是可以觅到它的诸多"破绽"，提升其含金量。

问题的关键是，我们是否经常反省，是否质疑过自己的工作，而不是把工作做成众口一词的“容易”。

19世纪，工厂制造出来的玻璃还不过关，玻璃里经常有气泡，既不雅观，密封性能也不好。很多工厂的工程师认为玻璃只能做成这样，便建议厂家大批量生产。有一小工厂的工程师认为这种玻璃根本不可能全面推广。他认为还有改进的余地，便独自潜心研究。经过研究后发现，只要把制造玻璃的溶液搅动一下，玻璃中的气泡就会消失。正是由于他的这一质疑，使得这个寂寂无名的小厂在一年多时间内迅速跻身于同行业前五位。

在一般人看来，公司客服部都是最没技术含量的岗位，但是联想公司却能把其演绎到完美。在客服中心每个员工的桌子上，都放着一个小镜子。它不是用来扮靓的，而是员工用来保持仪表整洁、监督自己表情的。正是每个员工都在极力质疑自己的工作，联想才走向了强大。

这就是质疑带来的结果。

“质疑”，是工作走向完美的催化剂，它如搅动棒，没有它的搅动，满杯的水加入再多的糖，甜味也不会均匀。

要全力以赴，不要尽力而为

“全力以赴”和“尽力而为”之间的区别，犹如悬殊和悬念的区别一样，看起来像是孪生兄弟，但二者存在天壤之别。“全力以赴”是无借口的前行，带有置之死地而后生的悲壮，但结果往往如我们所愿；“尽力而为”是积极背后的消极，在未行动之前，已为自己的不成功做好了注脚，留好了退路。

不负责任、怕承担责任的人总喜欢拿它当挡箭牌，它的作用是先给自己做了一个弱势的定义，堵住别人的嘴，便可以为后来的任何结果不负责任。

很多事情在做的过程中，不要考虑它的结果会如何，利害考虑多了，人心便不会那样纯粹、坚强，只要专注于自己的目标，想要的结果就有可能水到渠成。即使是他人看来不可思议的理想，也有可能会柳暗花明。

很久以前，有位猎人带着猎狗打猎。一天，猎人发现了一只野兔，举枪射击，打中了兔子的一条腿。受伤的兔子慌忙而逃。猎人命令猎狗追击，猎狗追了很久却空手而回。猎人问它，你怎么可能空手而回，它不是已经受伤了吗？猎狗回答说：“我已经尽力了，想不到受伤的它还能跑这样快。”

兔子回到家，家人各个如释重负，兔妈妈问它，你的腿已受伤了，怎么还能逃脱它们的魔掌？兔子回答道：“我是全力以赴，它是尽力而为，心态的不同决定了结果的迥异。”

经常会听到这样的议论：“这件事一旦做不成功该怎么办？”“我没有必胜的把握，但我尽力而为。”“这件事做起来难度很大，百分百拿下胜算不大。”……开始工作前，总是有意无意地先预设失败。这种心理暗示带来的结果往往是不如意的。如果前面有一百条路，其中九十九条是正确的选择，只有一条是错误的。在消极心理暗示下，有可能鬼使神差地选择那百分之一的错误。这不是命运的捉弄，而是心态上的差错，是全力以赴和尽力而为的区别所在。

荷兰飞利浦公司总裁大卫·斯奈德曾说过：“我不知道什么叫成功，在我看来，做好一切的前提是全力以赴。成功只是一个个全力以赴累加起来的。”蒙牛总裁牛根生也说过类似的话，他从一个普通的洗瓶工成长为一个大型企业的总裁，源于他对每份工作都全力以赴。

某网站做了一个关于“你是否会突破工作中的瓶颈”的调查。调查答案有几项可供选择：第一，全力以赴突破瓶颈，实现人生价值。第二，尽可能突破，若实现不了只能顺其自然。第三，绕道走。第四，说不清。选择第一项的只占 17.8%。

网络调查不一定权威，但我们仍然可以从中得出一定的信息，现在的员工对工作普遍缺乏认同感，对工作中出现的问题不是回避就是消极对待。

当回过头来，回想自己做过的事，将会发现一个共同的规律：那些成功的案例，基本没有事先的患得患失，有的只是全力以赴的热情和把事情做好的决心。这种做事的态度是对的，能让我们在不知不觉中提高做事成功的概率。

其实每个人都具备成功的素质，但因各种各样的原因，成功往往与我们擦肩而过。全力以赴，不要害怕失败，我们就会有足够的本钱取得想要的成功。

敏锐捕捉对工作有用的信息

生活在大都市里，常常可以看到一些令人惊诧的事情。比如，在地铁中，有人可以一层一层地脱掉身上的衣服，最后脱到只剩下内衣为止。再比如，一个貌似是人的人趴在某个广场上，亲吻着地上的砖块，一亲就是半个小时，直让行人看得目瞪口呆。这些究竟是行为艺术还是有预谋的商业炒作，无须追根溯源，我们所要说的只有一个问题，怀有不同心思的旁观者必定会看出不同的味道来。不同的人在其中得到的是不同的体验。正是意趣和体会的不同，所得的结果才会大相径庭。

职场亦是如此。信息对工作很重要。可能是由于志趣、责任心以及敏感度的不同，不同的人在面对同一个信息时，作出的反应有可能完全不同。有的无动于衷，有的灵感迸发，有的有想法但不付诸行动……

他大学毕业后被分配到某纺织厂上班，在刚上班的几年内，工厂效益还很不错，他也与其他上班族一样过着朝九晚五的生活。直到有一天，他发现自己拿到手的工资变得越来越少，猛然才意识到，工厂有可能陷入了困境。

经过观察后他发现，由于经营不善，加之缺乏可供竞争的拳头产品，工厂的效益一天不如一天。他知道，这种情况一旦持续下去，迟早有一天工厂会倒闭，而自己平静的生活方式也将终止。他决定找出对策来。

一次偶然的机会，大学同学相聚在一起，同学间海阔天空地闲聊。突然，一位海归同学讲起美国最近生产出了一种超细纤维毛巾，这种毛巾不仅好用，而且柔软，不生菌。在别人看来，这只不过是探讨产品优劣的一次闲谈碎语，对他而言则是能帮助工厂起死回生的商机。

他向那位同学要来了样品，回去实验后发现，这种毛巾果然性能绝佳，并详细评估了新型毛巾的市场价值。经过一番游说后，工厂领导听取了他的意见。

很快，这种商品打开了销路，工厂也从困境边缘给拉了回来。正是由于他的有心，敏锐把握了对工作有用的信息，才成就了工厂的新生。

牛仔裤首先在美国风靡一时，并一直延续到现在。牛仔裤发明者的故事显得很老套，姑且不去讨论。就在牛仔裤风行全世界时，有个美国人看出了商机：虽然牛仔裤很畅销，但夏季穿它的人很少。“是面料太厚的缘故”，他的脑海中立即闪出这个答案。怎么解决这个问题？经过思索后发现，只要将厚厚的面料变薄，问题马上迎刃而解。于是，他便把自己的想法告诉了公司老板，老板也为这个创意拍案叫绝，并立即投入生产。

果然不出他们所料，这种面料很薄的牛仔裤在夏季一推出，很快销售一空，商家的订购单像雪片一样飞来。仅仅这一小小的创意，意外收获了几千万美元的利润。

想出这个点子的不是别人，是马克·戴维斯——制衣厂的普通员工。

在我们时常感叹于世事的艰难，悲叹机遇的不降临。在我们茫然若失时，机遇也在寻找着它的知音。

对客户要有传教士般的热情

我们的文化中，还存在严重的官本位思想。我们所说的官本位，并非指官场，而是指一种文化现象。虽然多数人未能谋得一官半职，也没什么显赫的身份、地位可供依仗，但由于长期受这种文化的熏陶，官本位意识会有意无意间出没于我们的言谈举止中。只要稍有触及，便会爆发。就像宋丹丹在小品中所说的那样：“太伤自尊了！”然后摔东西走人。

在基督徒聚会上，基督徒整齐地坐在一起，听着传教士仔细讲解《圣经》。只要基督徒有疑问，都可以提出来，传教士会竭尽所能给予详尽的回答。那份热情、耐心和不分彼此，连被称为“人类灵魂的工程师”的教师都无法与之相比。我们缺乏的就是这种热情。

美国著名营销专家海姆·巴蒂尔曾说过：“职业角色就好比是舞台上表演的演员，台下观众需要什么，我们就应该给他们什么。不如他们所愿，他们会用嘴和脚投票，让你出局。”

多次听到这样的议论：“服务性工作真不是人干的，整天被别人横挑鼻子竖挑眼，弄得一点自尊也没有。”“要不是为了这点工资，我才不愿意干这份工作。”“干一段时间，再找别的工作。”……却很少听到这样的独白：“没什么大不了的，这就是我的工作，应该把它做好。”“顾客来消费，应该得到很好的服务。”“其实我做得还不够，客户应该得到超额的服务才对。”……

两种不同性质的独白，所收获的结果可能会南辕北辙。心中的怨气会演变成无言的反抗，一旦落实到行动中，可能会给工作带来不必要的麻烦，甚至是利润的下降。而有效的服务，热情的工作则可以有效地提高利润。通过热情服务，客户即使有怨气，也会戛然而止，把可能对产品灰心失望的顾客重新拉回来，做成回头客。

任何一家著名企业，都会有一群响当当的员工。如联想，一名员工可以为客户的利益而牺牲本该属于自己的星期六。如蒙牛，员工可以星夜赶往客户家，解决产品质量带来的问题。再如海尔，可以在承诺的最短时间内消除给顾客带来的麻烦……正是由于这些员工对客户像传教士般的热情，才成就了这些企业的不同凡响。

在我们的口袋里缺乏必要的银两时，谈不上有什么面子问题。对我们而言，面子其实不重要，重要的是，我们是否把工作做好了，这是关键。当我们的脸和行动写满了热情时，善意的回馈也会如期而至。

对工作充满饥饿感

小王去银行办事，那天银行的人特别多，小王便在银行外面闲逛，消磨时间。这时，一位女士走向小王，并很有礼貌地做了自我介绍，她说她是某保险公司的员工，也是来银行办事，问是否可以聊聊。小王想，也没什么事，便同意了。她从公文包里拿出一大摞文件，里面写满了各种各样的险种。她说，她知道银行里会有很多人，出门前便把文件和资料放在包里，准备随时向外推销。她问小王是否有兴趣。有些险种小王已经上了，有些则没必要上，准备婉言谢绝她。她看出了小王的心思，说，没关系，你可能不需要，但请把它收好，送给需要它的人。如果他们有什么疑问，可以随时给她打电话，电话二十四小时开机。

对保险公司，小王始终有种排斥情绪，原因很简单，赔偿意识不到位，能搪塞的责任尽量搪塞。不过，这位女士的敬业精神，和对工作充满的饥饿感，令人心生感佩之情。一个业务员能随时随地推销自己的产品，对公司而言，是多大的一笔财富。

她的生存处境如何我们不得而知，也不敢妄下断言她一定能成功，但有一点我们敢担保，成功的人都具备这种素质，一种对工作充满饥饿感的素质。

某小区曾住了一拆迁户，一家三代三口人，母亲、儿子和孙子，租住在两室一厅的房子里。那个儿子——一个四十多岁的中年男子，颇为颓废，满头乱发，像山野中的败草，乱而无光泽，眼神无光，犹似鲁迅笔下的祥林嫂。从没见过他做什么，唯一知道的是，他的生活就是在年迈母亲一日三餐侍候中度过的。可怜了他家那个小孩，每天沉默寡言，一副怯生生的模样。本来应该快乐的童年，就因为有这个无所事事、颓废异常的父亲，削减了原本属于他的那份快乐。

一直都认为，没有什么比精神的阉割更可怕的了，它不仅把我们的希望毁于一旦，同时也割断了与未来的联系。当未来停顿于现在时，生存的意义需要打个问号。

这样的表述有点晦涩，直白一点说就是，我们可能会疲惫，但这不是停滞的理由。我们需要前行，对所从事的工作充满饥饿感，为未来的狂欢埋下伏笔。

他很崇拜日本文化，认同日本人的职业精神和十年如一日的工作状态，他在同一家公司工作了整整三十年，期间从未有过迟到早退记录；他从一个默默无闻的销售人员成长为公司的总裁，这个人就是荷兰邦那公司总裁大卫·海耶姆，一个真正从蓝领做到总裁的人。

所有接触过他的人都知道，在他的思维中，从未有懈怠一说。他常挂在嘴边的一句话是："我要把所做的每一份工作都当成最后一份工作来做，这会促使我不断前进，从而产生动力。很难想象，懈怠会带来什么样的后果。"

人活着就是在活一种精神状态，强调对工作充满饥饿感，也是在突出精神状态的重要性。即使我们不为老板工作，为了亲人的幸福，也应该努力向前，活得健康一些。

抓住客户的心就能胜出

不管我们前期的工作做得如何到位，最终目的都是要把产品卖出去，交到顾客手中。不要错误地理解商品的竞争就是质量和性能的竞争，在同质化严重的商品时代，谁家的商品也不会占有绝对优势，此时比拼的就是人。谁做得好，做得到位，能让客户满意，谁就能最终胜出。

著名营销专家博恩·崔西说过："一个人有多大成就，关键是看他服务了多少顾客。一个人服务的顾客越多，他就越成功，就越挣钱。"与顾客相处好，抓住顾客的心，即便有激烈的竞争，也可以立于不败之地。那么，该如何落到实处？

第一，主动联络。几乎所有的客户都是被动的，不要期望他们会主动跟你联络，所以应该主动出击，寻找可能的客户。可以以打电话、拜访、寄信、发电子邮件等方式，表示你对他的关心。即便他们目前没有购买的需要，也不要灰心丧气，终究有一天他们会记起你的关心，从而来购买你的商品。

第二，准时交货。一件事做得太慢，费时太多，无异于卖出去的产品太贵。很多商品的时效性很强，比如服装，有夏季服装和冬季服装的区别，一旦过了特定时间，就会成为滞销产品。可能你只是一名普通的销售人员，没有决定产品出厂时间的权利，但是向同事陈述利害，督促他们尽快交货则是可以做到的。

第三，让顾客能轻松找到你。顾客一旦买了你的产品，他与你之间就存在一定的关系，此时他需要知道你的存在，才有安全感，大宗商品的买家更是如此。可以通过多种途径让他知道你的联系方式，比如办公电话、电子邮件、手机等。

第四，履行承诺。销售的过程就是一个贩卖信赖感的过程，顾客对你的信赖感越强，你的销售就越容易。崔西就说："信赖感在你的销售环节中，就像氧气一样不可或缺。"履行承诺是增进彼此信任度的一个很好的方式，比承诺的多做一点点，就可以得到更多的顾客青睐。

第五，正确处理顾客的抱怨。顾客买了你的产品，他有权对你抱怨。这就好比上司批评你，说明你还有药可救一样，顾客抱怨，证明还在乎你，一旦不抱怨，证明他已经死心了，那情况就不妙了。他不抱怨，并不证明他无怨气，而是把这种怨气私下里透漏给认识的人，你失去的就不是一个顾客那么简单，而是一群顾客。

第六，服务要饱含热情。人的情绪可以互相传递，你的情绪低落，传递给对方的必定是低落的情绪。相反，则是高昂的情绪。一个人要想成为伟大的销售员，唯一的途径就是对工作充满热情。要使顾客接受你的服务，你必须展示自己的活力。据有关研究表明，人的情绪处于高昂状态时，购买欲最强，作出的决定也最快。

销售的技巧很多，在此不一一列举。总之，不论你采取什么样的方法，只要能抓住客户的心，你就能最终胜出。

敢于在别人地盘上抢一杯羹

激烈的竞争市场需要不断拓展自己的生存空间。巩固自己的地盘不让对手抢占，这是个不错的方法，但也存在一定的隐患。比如说，本来跟你关系很好的客户，由于其内部出现人事调整，换了一个领导，此时正常的业务往来不一定像先前那样顺畅，存在被对手抢占的可能。降低风险的唯一办法是，把一筐子鸡蛋放在几个篮子中，在巩固自己城池的同时，敢于在别人的地盘上抢一杯羹。

任何一个优秀的员工，之所以优秀，在于他能做到一般员工无法做到的事。当我们认为不可能时，他一出手就满载而归。这并不是天方夜谭。

每个人都希望被别人高看一眼，这是人的本性。盲目地维护自尊达不到我们想要的结果，做出一些别人无法做到的事，即使我们很低调，别人也会刮目相看。可能很多人会认为，太难做了。难不可怕，可怕的是，我们是否敢去做，敢成功。

实事求是地讲，当对手维护好利益链时，要打开这把锁确实不容易。不妨换一种思路，既然单刀直入的方式不能奏效，是否可以换一种方式？比如滴水穿石的方式。

滴水穿石就是蚕食，它不是一口吃成一个胖子，而是慢慢地渗入，最后起到润物细无声的效果。我们都喜欢鲸吞，一大块利润落入自己的腰包当然令人痛快，但这样的方式只会发生在自己控制的地盘上，需要注意，这是在别人的地盘上，慢慢捡漏是个不错的途径。

许多卓越的员工都是采取两手抓的方式工作，一手抓自己的地盘，一手抓对手的地盘。著名营销专家肖克·摩西说："不要惊醒你的对手，让他在你不知不觉的行动中失去控制。"

一位著名的推销大师，一生中取得了辉煌的成就，晚年时退休在家，年轻的后生们欲向他求取真经，邀请他作一次公开的演讲。他欣然应允。

演讲那天，会场内外人山人海，人们都想从他身上觅得一些方法。此时大幕徐徐拉开，舞台的正中央吊着一个巨大的铁球，足有几千公斤重。人们都很奇怪，很想知道这跟演讲有什么关系。此时，大师从幕后出来，人们发现，他并没有开始演讲。这时，两名工作人员抬来一个大铁锤，放在老人的面前。老人从台下叫来两个彪形大汉，让他们用大铁锤敲打那个铁球。任凭他们怎样敲打，铁球就是不动。还没敲几下，两位就已经累得精疲力竭，不能再敲打下去了。

会场上顿时鸦雀无声，想看看老人下一步的动作。令在场的人颇感诧异的是，他从口袋里拿出一把很小的铁锤，然后来到巨大的铁球旁，开始了他不停地敲打这个铁球的动作。20 分钟过去了，30 分钟过去了，一个小时过去了，铁球仍然纹丝不动。

人群开始出现骚动，有的甚至埋怨老人装神弄鬼，一小部分人已经离开。在持续不断的敲击下，一个小时后，巨大的铁球出现了第一次轻微的震动，坐在前排的人高喊起来，动了。又过了很长时间，铁球就像秋千一样，在空中不停地摆动。人群开始发出雷鸣般的掌声，人们这才领悟到老人的用意。

攻占别人的地盘，就像用铁锤敲打铁球一样，当大铁锤敲打几下就让我们精疲力竭时，使用小铁锤敲打才是有效的方法。这种方法看似很慢，时间久了，定会出现令人惊叹的结果。

正如我们的地盘不可能固若金汤一样，对手的地盘也不可能铁板一块。只要我们有必胜的信心，长久付出我们的汗水，即使是铁板一块，也可以把它凿开一条缝隙。

不怕别人说“不”

我们总是害怕别人说“不”。其实，这不仅无关紧要，而且根本就不值得计较。如果每次销售都能赢得客户的认可，那才是不正常。

销售从来就不是一件容易的事，被人拒绝太平常。遭人拒绝一次内心很受伤害，这种承受力根本成就不了事业。每个成功者，在其光鲜的背后，都有惨痛的经历。一次小小的挫折都无法承受，只能说明我们不适合干这份工作，不如早点另谋他业。

日本保险界叱咤风云的营销女神柴田和子曾说：“人们只知道我的销售业绩有多辉煌，可他们不知道，在我成就这些的背后，付出了多少艰辛和努力。一次次的‘不’让我不禁灰心失望，而且还有末世来临的感觉。但是，我扛住了。我把每个‘不’都当成了‘是’，鼓励自己不要放弃，继续前行。”

仔细思考一下发现，顾客说“不”存在种种可能性。第一，他们现在的确不需要。既然现在不需要，就选择他需要的时候再联系。第二，他们心情不好。心情不好时看什么都别扭，更不必说突然闯人的你了。这其实就是潜在客户，等他心情好时再联系，会有效果。第三，对手已经占领了这个阵地。第四，你的同事曾经伤害过他们。由于这种原因而造成的拒绝比较常见。客户只要一次被伤害，就有可能拒绝这个品牌。

我们总是纠缠于“不”，而不是从“不”中反观到“是”。从上面的分析中不难看出，在这些“不”中，存在诸多“是”的可能性。

说得直白一点，老板不会同情我们的“难做”。在他看来，把一个个“不”转化成一个个“是”，是员工的本分。

一种观点是，现在的员工很辛苦，虽然竞争还未到刺刀见红的地步，但员工的体力和精神都出现了透支，受到的伤害也不在少数。但是老板的回答也很坦率：“我招聘他们进来，就是要解决难题，如果事情做起来都挺容易，还需要挑选吗？随便找几个人就行了。”老板的这种回答是否不够人情味？其实并不是，很多老板也是从不断地被拒绝中走过来的。

别人的“不”不可怕，可怕的是，太把“不”当回事。既然销售是跟人打交道的工作，频繁的“不”也是我们不得不面对的现实。我们需要的是，把一个个“不”转化成一个个“是”，转化成我们实实在在的业绩，对你、对我、对公司都很关键。

胜出——要自信的单纯，不要不自信的复杂

要自信的单纯，不要不自信的复杂，这个标题读起来

非常拗口，也不是很好理解。打个比方，人一旦自信起来，就会把事情想得简单一些，做事反而容易成功。而那些不自信的人，别人的一点风吹草动，都会触动他那敏感的神经，搅得他心神不宁，疑神疑鬼，这就是不自信。不自信的心态下会把问题想得很复杂。

大家都熟悉的央视主持人白岩松，节目主持得很好，说话也很有底气。自信，才可以抵御那些不必要的批评和非议，不去顾及人们的闲言碎语，使主持时更加放松。白岩松曾说过："我不跟别人较劲儿，只跟自己较劲儿。"这句话暗含着一个道理，跟别人较劲会使自己心态失衡，跟自己较劲儿，哪怕有一点点进步，都会让自己得到满足。

很多成功者都是单纯的，他们不在乎别人的非议，不理会别人的闲言碎语，他们把眼光完全聚焦在自己的事业上。人们议论他在异想天开时，会惊讶地发现，他在一步步向异想天开靠近。

英国著名企业家哈维·麦凯力从一个不名一文的小伙子，成长为一家银行的执行总裁。在他未成功之前向人们诉说他的理想，结果屡屡招来耻笑和嘲弄。不管别人怎样嘲笑他，他都不在乎，依然我行我素。成功后，当被问及被人无数次嘲弄有何感慨时，他回答说："俗人的眼光很短浅，他们看不见远方的成功，所以这个世上平庸者很多，而成功者寥寥。我不介意他们讥讽我，真正遗憾的是，他们没有具备我的素质。"

这种单纯，不是指愣头儿青，不思考问题的蛮干，而是一种抛开外界注视内心的一种单纯。这种单纯和佛家所说的“一切皆是妄念”有几分相似，并不难做到，问题的关键是，我们是否有追求理想的那种执著之心。

两个和尚出外化缘，途经一条河，看见一少女在河边焦急等待有人背她过河。出家人有“八戒”，戒色是其中之一。两个和尚中年轻一点的和尚，见此情景准备背那个少女过河，却被年长一点的和尚阻止，认为这犯了色戒，不可妄为。年轻的和尚也不理会，径自背起那个少女过了河。

回到寺庙，年老的和尚向方丈告发，说年轻的和尚犯了不可饶恕的错误。方丈听完后淡淡地说：“他早已经放下了，你怎么还惦记着呢？”

背少女过河是做事的过程，到了河岸表示成功，年老和尚口中所说、心中所想、行动上的阻止，寓意外界的闲言碎语，年轻和尚心无旁骛背少女过河暗示单纯的自信。

想成就事业就需要与命运抗争，既然我们都可以跟命运抗争，为什么偏偏屈服于世俗的力量？世俗的力量再巨大，也强大不过我们的信心和单纯。把注意力对准目标，外界的聒噪顿时全无。

好人脉就能胜出

人脉，词典中的解释为：人各方面的社会关系。美国斯坦福大学研究中心发表的一份调查报告指出，良好的人脉对职场人士的成功有极为重要的作用。他们认为，一个人赚的钱，12％来自知识，88％来自人脉资源。

经常可以看到这样的事例，一些没怎么读过书的人居然可以成就大事业。他们的成功源于什么？仔细考究一下发现，他们都具有一个共同的特点——活动能力强。一个人的活动能力越强，社会接触面就越广，做起事来就越得心应手。不要小看了人脉，它就像百宝箱，一旦打开，会带来无尽的好处。

好莱坞流行一句话：一个人能否成功，不在于你知道什么，而在于你认识谁。这话说得虽然有些绝对，但却表明人脉对我们工作的重要性。

在台湾证券业，杨耀宇可算得上是一个呼风唤雨式的人物，他的人脉极其广泛，别人做不成的事，只要他一出马，难题马上就会迎刃而解。曾是统一集团副总的他退下来后有很多企业争相邀请他加盟，并许以重金。最多的时候，他一人担任十多家公司的顾问。对于受欢迎，他的回答则显得相当轻松："我的一个电话就可以抵得上一般人一百个电话，这就是效率，也就是人脉。"

打个比方，一棵小树苗成长为参天大树，必须具备粗壮的树干，众多的根脉和叶脉，它们是保证小树成长为栋梁之才必须具备的基础。如果说小树是未成就事业的我们，参天大树是功成名就的人们，那么这些树枝、叶脉、根基就是人脉，拥有了它们，我们才能根深叶茂，成功壮大。

我们每个人都知道人脉对工作的重要性，之所以还未能很好地发展人脉，不是缺乏对人脉好处的了解，而是不知该怎样把握人脉，该怎样拓展人脉。

第一，熟人介绍。熟人介绍是一种事半功倍的人脉资源扩张方法，既不会唐突你所要认识的对象，而且会在无尴尬的氛围中达到熟知的效果，这是一种最有效的方法。熟人可以是父母、兄弟、同学等。利用好这些关系，可以达几何级增长的效果。

还有另一种熟人，就是工作中接触的老客户。只要关系维护得好，他们也是很乐意帮助你，起到的效果甚至比血缘关系所带来的效果更佳。

在日本某个旅游胜地，旅馆到处都是，可是只有一家旅馆的生意非常兴隆。表面上看，它与其他旅馆并没有什么不同，装修上也不是最豪华的。就是这样一个旅馆，生意好得超乎想象，不能不说是个奇迹。

既然成功了，就会有不同凡响之处。只要你住宿过这家旅馆，你的喜好、长相等就都被记录下来，等你再一次到来时，他们一眼就能认出你来，而且很快按照你的要求布置好房间和餐饮，工作做得非常细致。正是由于对顾客的用心，使得顾客愿意为它做宣传。这就是它胜出的秘诀。

第二，善用名片。当你出现在某一场合时，由于互相不熟悉，发放名片无疑是一种化陌生为熟悉的好方法。虽然效果不一定好，但做了就会有收获。

第三，参加社团。参加社团是一种拓展人脉的不错方法，可以避免很突兀地与人交往，在自然状态下与人互动建立关系。这样的社团在社会上有很多，比如民间环保组织、基督徒聚会等，都可以供我们选择。

第四，通过网络。网络技术的发展催生出另一种形式的交友方法，这种方法与传统方法略有不同，存在的风险较大。但是如果我们能仔细辨别，也不是不可用。如利用MSN、QQ等进行网上聊天，也可以收到一定的效果。

才能相当时，决定一个人前途的是勤奋和人脉。当你拥有足够的人脉资源时，别人的追赶都是徒劳，你完全可以达到胜出的效果。

问题是卓越之母

问题是一个令人挠头的麻烦，面目可憎，看了就会使人抓狂，是一个不折不扣的"难缠户"。

如果我们碰到问题时，该如何应对？相信很多人会选择回避，甚至是推卸。可能只有少数人会选择面对，并解决它。两种不同的处理方式决定了两种不同的结果，前者可能还会继续平庸，而后者，则可能成就卓越。

这与我们成长过程中遇到问题是同一个道理。从牙牙学语到开口说话，从爬行到直立行走，从无拘无束到入学学习……正是由于直面问题，才使得我们四肢健全，身体康健。如果某一个环节出现了问题，我们就会出现某一方面的残缺。

成长过程中，我们逐渐退化了自己的勇敢和斗志。当一个个问题横亘在面前时，我们不是选择正视，而是选择斜视或是游离，甚至是逃避。越活越抽抽儿是我们的真实写照。

那些成功的职场人士之所以成功，主要是他们延续了幼时的勇敢，敢于正视问题，并把它进一步发扬光大，从而成为人群中的佼佼者。原本我们都拥有同样的起点，只是后来选择了懈怠，选择了逃避。

没有问题的工作根本不存在，只有我们解决问题后，它才会消失。问题中蕴涵着很多的机遇，这是优秀的职场人共同的看法。他们正是从问题中看出了问题，才使得他们一步步地走向了优秀，成就了辉煌。

饭店的淡季没有多少顾客，这似乎是全世界饭店业共同面临的难题，像牛皮癣一样难以解决，老王经营的饭店也受到淡季的影响。每到淡季，饭店通常做法是，给员工放假，只留下极少数员工继续工作。

老王感觉这样做不是解决问题的正确方法，他尝试过很多种方法，都没有奏效。有一次，他开车经过一家商场，看见路边的一辆车正在下货，一车子的东西被搬得很快，没过几分钟就搬完了，节约了大量时间。本来是两件完全无关联的事，却引起了他的联想。人多就会搬得快，饭店淡季为什么要让员工休息，几个人服务一个顾客不是更到位吗？

他决定改变业界惯例，采取员工半休息半上班的方法，既可以使顾客享受到物超所值的服务，又可防止员工由于放假导致的业务上的生疏。饭店最初虽然亏损了一点，但是由于服务精细、到位，很快吸引了更多的顾客。从那以后，即使是淡季，他的饭店也是顾客盈门。

业界的一大顽疾，正是由于他的深思熟虑才得以顺利解决，带给他的是利润。这就是解决问题的价值。

马克斯·韦伯曾说："从问题中发现机遇，是每个追求成功的人不可回避的经历。"让人憎恶的问题，我们面对起来，有时的确有些束手无策。但是，它的出现是否也在考验我们呢？转化一个角度思考，得出的答案就会是全新的。彷徨之后的面对是正确的途径，只有选择直面并解决它，才能凤凰涅槃。

自己才是自己的主宰

有一和尚，不论别人怎样帮他，他都无法悟出佛道的真谛。有一次，他去拜访一位得道高僧，向高僧问起了他的疑惑："参禅这件事，对我是个大问题。很多人都在帮我，可我就是不长进。请问你有什么办法帮我吗？"

禅师回答："这就好比母鸡孵小鸡一样，如果小鸡把所有的责任都推给母鸡，母鸡在外一啐一啄，把握不住力量的大小，小鸡还是活不了嘛。解决问题的钥匙掌握在自己手中。"

我们总是站在低处羡慕高处，不曾想过，只要自己努力，完全可以达到那样的高度。心理学家指出，一个人的潜力无可估量，只要自己潜心挖掘，有可能爆发出火山般的能量。巴甫洛夫也说过："只要我想做什么，即使是炮弹也不能将我击垮。”

别人的帮助也许会解决我们的一时之需，而走向卓越却需要靠自己去缔造。没有谁仅靠别人的帮助就能获得成功。

担心自己不能成功好比是受潮的火柴，本来具备点燃的功能，但由于心里存在太多的顾忌，结果点燃不了成功的火把。

大凡一个成功的人，他们也并非有什么特别之处，他们之所以与我们不同，关键在于他们有着不同一般的素质：敢于成就卓越，敢于成功，敢于成为自己的主宰。

我们可以历数那些成功人士，比如联想的柳传志，格力的董明珠，蒙牛的牛根生等等，他们无一例外都是敢于卓越的人。换句话说，他们都洞悉自己才是自己的主宰。只有自己努力了，成功才会到来。

有人曾问过搜狐的张朝阳，一个年纪轻轻的小伙子，为什么可以得到美国风险投资家的青睐。他的回答是：“他们看中了我敢于成为自己主宰的素质。不要小看了这种素质，它能使沙砾变成珍珠。他们知道，把宝押在我身上，将会非常保险。”

风险投资家阅人无数，他们的眼睛能洞察我们不能洞察的世界。张朝阳之所以能获得几千万美元的风险投资，正如他所言，是他敢于成功的素质打动了他们。曾经热播的电视剧《我的团长我的团》中的刘放吾，是中国远征军的一位团长，他率部队与七倍于己的日军展开了殊死的搏斗，击溃了日军第 33 师团，解放了仁安羌地区。当时，部队中有些将领担心与强大的日军正面交锋会有全军覆没的危险，部队中弥漫着一种悲观的情绪。刘放吾的伟大之处就在这儿，他当然知晓日军的强大，在师长孙立人的肯定下，他认为，只要策略得当，完全可以战胜强大的对手。事实证明了他的正确，仁安羌战役也由此成为中国抗战史上的一次经典战役。

说一句略显庸俗的话，只要是正常人，都有可能成功。我们能否胜出，关键看是否有成功的欲望，是否能够掌控住自己。当自己能拿捏住自己时，一切皆有可能。

永不言败

“永不言败”不是一个很有魅力的词语，之所以这样说，只是因为我们说得太多了，以至于有点麻木，实际上真正达到这一高度的人却少之又少。“永不言败”虽无魅力，但永远不会过时。不说那些大成功者，就是我们身边的小成功者，都会发现他们具有共同的素质——永不言败。即使撞得头破血流，也是义无反顾，永不回头。正是这种精神，才铸就了我们眼中的辉煌。

他5岁时失去了父亲，14岁时辍学，开始了流浪生活。后来，他在一家废品收购站干过一段时间，由于嫌工作脏、累，加之收入微薄，没干多久，他就离职而去。18岁时，他与邻居家的女孩结婚。婚后的男人应该务实。可是，他还是和从前一样，游手好闲，小事不做，大事做不了，结果白白浪费了几年的光阴。

在22岁时，他突然间意识到人不能这样活。人活着不仅仅为了自己，更为重要的是为家人的幸福担当起应有的责任。清醒后，他决定从头再来。他找到了一家餐馆，干起了先前根本看不上的洗碗工的工作。

工作期间，他仔细观察餐厅的经营方式，把每个流程都详细地记录下来。他想，等到自己有了一定的积蓄后，开一家属于自己的餐厅。

几年后，他有了一定的积蓄，经验也学得差不多了，便开始付诸行动。令他想不到的是，即使有经验和资金，但经营起来仍然很困难，一些意想不到的麻烦接踵而至。比如，控制成本，地址的选择合理与否等，这个小餐厅让他尝到了苦头。结果，第一次创业以失败结束。

这一次的失败让他白白耗费掉了几年的积蓄，如果换成了别人，可能会自暴自弃，他没有。他认为，自己没做好，只是因为还有很多方面没有把握住。他决定继续干他的老本行——做厨师，一干又是四五年。

有了第一次的失败经历，再次创业变得更加谨慎，这是我们通常的想法。但是他跟我们不一样，他认为，没有过不去的坎儿，有了资金，就要再干。他又重新创业，糟糕的是，这次创业正好碰上了席卷全球的经济危机，经济大萧条卷走了他几年的积蓄。

有人劝他："认命吧，你没有这个福分，看样子，上帝是不会让你成功的。"

面对众人或善意的规劝或恶意的嘲讽，他一直都在试着改变自己的命运。他有一句话被美国人奉为圭臬："我不想成为别人想象中的我。”潜台词是，别人心目中的我是错位的，是过去和现在的我，要通过努力打造未来的我，让人刮目相看。

若干次的失败后，85 岁时他终于成功了。这位就是肯德基的创始人哈伦德·山德士，一位一生中不停遭遇失败却永不言败的老人。

工作中，肯定会遇到很多麻烦，正是由于这些麻烦，让有些人成就了辉煌，有些人却被吓得裹足不前。失败并不可怕，可怕的是输掉信心和勇气。很多时候，只要我们再坚持一下，希望的曙光就在眼前闪烁，我们很快就能获得成功。

放弃意味着前功尽弃，无论何时，都不应放弃自己的梦想。

第三章

做个勤奋型员工

工作，需要勤奋代言，它是我们走向成功的一条不可回避的路径。轻浮的人看起来都很聪明，但那不是真正的聪明。真正的聪明只有经过勤奋、踏实的检验后，才能分出子丑寅卯。

勤奋是老板很看重的一项素质。如果你认为自己不够聪明,可以用勤奋来弥补。实质上,人与人智商的差别并不大,后天的决定因素固然很多,但是一个很重要的因素在于,成功者勤奋,而庸碌者懒惰。勤奋不一定能带来成功,但不勤奋,则肯定不会成功。

不需要督促,主动充电

在技术潮起潮落的今天,任何一项技术的保险度都不高,短则三五个月,长则一两年,基本上就过时了。因此,只有不断充电,才能适应工作的要求。一位业内人士就曾这样说:"与其等到下岗时再培训,不如在岗时充电。"

很多人都会考虑充电,竞争的压力和技术的日新月异使他们认识到就业问题的严峻性。据调查发现,有九成员工有充电的打算,同时也认为充电很有必要,但调查的另一项结果却表现得很不乐观,只有不到二成的员工把充电落到了实处,更多的只是停留在口头上的焦急和言语上的誓言。他们可能有各种各样的借口,比如工作太忙太累,无暇顾及充电;充电的费用太高,实在负担不起等等。这些托词听起来有其合理性,仔细一想却站不住脚——培训是为了自己的收入和前途,跟别人没什么关系。问题还是出在缺乏执行力,只要想提高自己的技能,没什么困难克服不了。

老鹰和鸭子有许多相似之处,比如外形,本质上它们却存在天壤之别。老鹰很少鸣叫,但他的专注力和执行力远非鸭子可以比拟。只要它找到了目标,就死死地盯住并以最快的速度将其擒获。而鸭子不同，它没有理想，没有目标，只想在水上自由自在地生活，饿了嘎嘎叫几声找主人要食物。它们的命运也迥异，老鹰一般能活 70 年，鸭子寿命的长短则完全取决于它的主人。

我们并不想把事情说得这样恐怖，但事实不可回避。如果我们仅仅把充电写在纸上，挂在嘴上，就有可能遭遇像鸭子一样的命运。没有什么比自己把握自己的命运更安全的了。

处于经济危机背景下，就业形势比任何时候都要严峻，在这个时候，保住饭碗比什么都重要。不要当你的口袋干瘪时再去培训，那时后悔晚矣。

他是一家网络公司的工程师，做网络编程工作。在行业受大环境影响普遍不景气的情况下，他所在的公司也准备裁人。此时，听到风声的员工大多惴惴不安，担心裁人的利刃会挥向自己。在所有同事中，只有他整天乐呵呵，好像没这回事一般。

他的不焦急并非是他乐天知命，也不是与老板有什么瓜葛。他做事极其谨慎，而且还有点胆小怕事。他的乐观情绪与严峻的形势形成了鲜明反差，叫人捉摸不透。

仔细打听才明白，他的乐观来源于他的底气——不间断的培训。就职以来，他从未停止过培训，不管是自费，还是公司出钱，从未因各种原因而搪塞。他曾自豪地说："我是站在技术最前沿的人。"

他说得够狂妄，但又不得不令人信服。不但未被裁掉,反而因技术过硬而得到老板的赏识,被提拔为公司的副总,待遇比以前还高。他就是深圳某公司的副总。

从工作中可以学习到很多知识和技能,但一些最新技术却不是从工作中就可以得到的,它需要培训来获得。培训,看似花费了自己的钱财,而后续的效果则不可预估。坚持不懈地培训下去,一定会比别人高出一筹。

勤奋——永不过时的主旋律

从古到今,勤奋一直流淌在我们祖先的血脉中,从"头悬梁,锥刺股"到"凿壁借光",勤奋,薪火相传,绵亘不绝,一直是我们生活的主旋律。

不知什么原因,我们的勤奋正在打折。这种打折有显性的,也有隐性的。显性的如我们不再像以往那样热衷于工作,不再把它当成使命一样去完成。隐性的懈怠,如我们会在工作中缺斤少两,做不到位,能拖则拖。

有时候我们也在反思:我们真的不需要勤奋了吗?当你仔细思考时却发现,我们不仅需要勤奋,而且更需要勤奋。为什么我们出现了某种程度的懈怠?这个问题的答案有几个版本:第一,我们从未把工作当成自己的事,认为我们和老板是雇佣与被雇佣的关系,所有的问题都应该由老板自己来承担。第二,惯性使然。当我们身边有人工作时出现某种懈怠,会自觉不自觉地跟随他们一起懒惰起来。

工作,需要勤奋代言,它是走向成功不可回避的路径。

罗马不是一天建成的，每一个职场成功者都在路上攀登了很久，他们的足迹写满了艰辛。

如牛根生。在某次世界乳业大会上，利乐集团首席执行官蔡尔柏指着身边的牛根生，对全球乳业巨头介绍说："他就是世界上发展速度最快的乳业公司总裁。"这种介绍，让牛根生充满自豪感。可谁又能想到，他所得的荣誉很大一部分得益于勤奋。他可以连续演讲几个小时，也可以通宵达旦工作……正是由于他的勤奋，带动了身边的一群人，成就了今日的蒙牛。

如路遥。他是陕西著名作家，其一生都在追求自己的理想，笔耕不辍。路遥经常挂在嘴边的一句话是："人生到了最关键时刻，就好像是足球运动员的临门一脚，哪怕把腿踢断了，也要拼尽全力。"《平凡的世界》三卷本于 1991 年荣获茅盾文学奖，这是对他勤奋的褒奖。

如他，一个普通得不能再普通的公务员。中专毕业，他被分配到某商场工作。在计划经济时代，当个营业员算是个不错的选择。上学的时候，他就喜欢写东西，当别人熄灯睡觉时，他还在那里不停地写。

本以为他现在活得不够好，毕竟时代变了，商场之间的竞争也很激烈。从侧面了解后使人大吃一惊，他从一个营业员蜕变为了一个很出色的公务员。他的改变源于两件事情。

刚到商场上班时，除了写作，他还迷上了摄影。有一次，省里领导到县里视察，正好他所在的商场被定为调研对象，县委书记陪同调研。领导视察，他就在一边不停地按快门。等领导走后，他把洗出来的照片寄给了县委书记。县委书记看他的摄影技术很不错，甚至比专业人士还要强，便调他到县政府，成为一名编外人员。

偶然的机会，县委书记又看到了他发表过的一些作品，觉得文笔挺好，十分欣赏他的才气。那年正好赶上招收公务员，他参加了考试，结果成绩出类拔萃，顺理成章地成为一名公务员。

他小小的成功看似偶然，其实存在着某种必然。他所走的每一步都是用勤奋换来的。如果没有这些爱好，想必他仍然是一名普通的营业员。

我们不要埋怨经济上的困窘，职场上的不被赏识，应当思考的是，我们是否够勤奋，是否正在勤奋。

坐等出现不了奇迹

“奇迹无时无刻不在我们身边出现，但它只眷顾那些有准备的人。”这样的表述的确有些老套。但不可否认的事实是，懒惰的人创造不了奇迹。所谓的奇迹只有在勤奋中孕育。

如果你想渡过一条河流，河上没桥，你该怎么办？有些人会不以为然地回答：“坐船或游过去。”假如既没有船，你又不会游泳，又该如何渡过？你可能犯难了。答案是，自己动手造船。

这不是一道脑筋急转弯题，而是一家著名跨国公司的面试题，它的目的是在考察员工的勤奋程度。只要员工有勤奋的意识，这道题根本不难作答。这道题设置了诸多的限制，目的是想告诉员工，在你无法依靠别人时，等待解决不了问题，奇迹只能由自己去创造。

不管是敬业、执著，还是全力以赴，背后的支撑点都是勤奋。没有勤奋，这些都是空中楼阁。

台湾美发业著名企业曼都公司董事长赖孝义在演讲中曾说："要成功，勤奋是最基本的要素，而且一定要比别人花的时间更多。只有这样做，你才能赢得更多的成功机会。"

《经济观察报》曾刊载过一篇文章《解构成功》，作者马尔科姆·格拉德维尔，一名记者。他做过一个统计，巨大的成功需要两个条件，其中之一就是时间。他说，如果一个人要想成功，至少需要一万个小时的累积练习。这个数字看起来不算什么，细想起来令人吃惊，很多歌手一辈子的练习时间也到不了一万个小时。

不管在什么领域取得成功，都需要勤奋，这是公开的秘诀，没技巧可言。

说一个略带学生腔的故事：某高中有一位同学，成绩并不出众，在班上几十位同学中，他的成绩始终处于中下游水平。很多同学，包括老师，都没把他列入能考入大学的名单中。令人吃惊的是，他居然考中了，而且还是个不错的学校。

回过头来，大家发现，他的成功源于他的勤奋，一种不曾中断的勤奋。比方说，当某次考试失利时，大多数人都会很沮丧，这种消极情绪有时几天也无法排遣掉。而他不会，即使考得很烂，他也无动于衷，消极情绪根本影响不了他。这就是他成功的秘诀——勤奋，一种不受情绪支配的勤奋。

成功的技巧很多，勤奋只是其中一个最为笨拙的技巧。但是，就是这样一个人们最为熟悉的技巧，很多人却对它熟视无睹，无视它的存在，总想通过捷径到达成功，拼命向成功人士大谈所谓的灵丹妙药。其实根本就没什么终南捷径，如果有的话，也是勤奋基础上的捷径。

不要痴心等待奇迹出现，它孕育在我们一点一滴的勤奋中。

战胜懒惰的诱惑

为什么人们抵御不了懒惰的诱惑？这个问题较容易讲清楚，有一部美国电影，内容大致是讲贪欲化装成一美女，诱惑人上当。所有的男人都无一例外地未摆脱她的魔掌。编剧旨在告诉人们这样一个道理：那些看起来曼妙的东西其实隐藏着极度的邪恶，一旦陷入，就有可能永世不得翻身。

同样道理，人们总是喜欢安逸，而懒惰正好迎合了这种需要。如果没有毅力，无论是谁都很难摆脱它的控制。

人性让我们很为难，比如说，自私是我们的本性，但如果处理不好它，就会带来诸多麻烦。再比如矜持，维护尊严也是我们的天性，谁也不喜欢到处丢脸，但当你把尊严凌驾于别人的尊严之上时，就会带来别人情感上的不认同。本性和正确之间，有时我们会本能地倾向于本性，而拒绝本该正确的选择。

著名哲学家斯宾诺沙说得好："正确的选择就是跟自己那些不正确的天性博弈。"无论哪个行业，任何一个成功者，他们不正确的天性都会让位于正确。

如果你只想做一个庸庸碌碌的人，当然不用频繁的跟本性搏斗，不过，当你希望成就一番事业，你该怎么办？

第一，认识本性中不正确的部分。我们的本性并非都是正确的，有时甚至完全跟正确背离。正确辨别它的正确与否，坚决克服它，不让它干扰我们的思维和行动。

第二，自我暗示。勤奋总是与累和苦联系在一起的，谁都想活得自在一些。偶尔勤奋一下我们可能还能忍受，长期坚持则有极大难度。此时，如果我们不采取一定的措施，前期付出的努力有可能付之东流。自我暗示是一种较好的方法。比如："只要再坚持一下，就会有好结果。""苦累不可怕，可怕的是无所作为。""任何一个成功者，都需要经历磨难。"……这些暗示会给你以支撑。

松下电器前总裁松下幸之助就是一个善于自我暗示的人，他曾跟人讲过："如果你认为我的成功源于机遇，那就错了；如果你说的成功应归功于勤奋，那当然对。还需要补充的是，我是一个很善于自我暗示的人。"这句话说得很有价值，其一，一个意志坚定的人居然也有彷徨的时候，庸俗的我们当然不必为彷徨烦恼了；其二，认识到自我暗示的重要性。

第三,不可性急。任何一件事情做成功都需要时间。在量变还未达到质变时,勤奋的过程还远未完成,不要性急,只要你付出了,就决不会一无所获。

第四,寻找新的目标。当成功实现一个目标后,此时是最危险的时候,因为你已经有了一定的成就感。如果处理不当,此时懒惰最容易侵入,它会让我们失去新的目标。解决问题的最好方法是,寻找新的目标。

不妨思考一下,我们需要做什么样的人,当我们做出了追求卓越的选择后,就必须拒绝任何借口,对自己的选择负责。

勤奋,使成功者向更成功靠近

“他本来应该获得更大的成就,可惜还是懒了一点。”“他太有天赋了,怎么才取得这么少的成绩?与他的天赋不成比例呀。”“浪费了他的才气,再努力一点,他就有可能不同凡响了。”“如果我是他,我会比他强。”……相信这些话我们似曾相识。不错,这些略带遗憾的议论,都是说那些本该成就大事业而最终未能突破的人。

至少在别人看来,他们真的很遗憾,白白浪费了优秀的条件。问题到底出在什么地方?两个原因:其一,太容易满足;其二,懒惰战胜了勤奋。

卡内基曾说:“所谓大成功,就是由一个个小成功不断累积起来的。”一语中的。就像罗马不是一天建成的那样,任何一个大的成功都是由无数个小的成功片段组合而成的。我们很难取得大成功,主要还是因为缺乏努力和勤奋,容易在小成功上自我满足。浅尝辄止的结果就是原地踏步,裹足不前。

德国著名公司克莱姆集团,最初只是一个小汽修公司,而现在则是一个拥有 7000 多人的大型企业。很多人对这家公司的成功都抱有浓厚的兴趣,他们很想知道,一个小小的汽修公司,是如何做大做强的。

公司总裁克莱姆给出了一个令人信服的解释,任何一个行业都可以做大做强,关键看你有没有做大做强的信心,以及勤奋的程度是否到位。

他道出了心中的秘密:当他还是一个学徒工时,总是梦想有一天能拥有自己的汽修公司。经过努力,他做到了。正当他认为只要把汽修公司经营好就可以维持生存时,他感觉危机来了,是不是可以把公司做大一点,这个问题在他脑海中盘旋了许久。

一次偶然的机会,让他茅塞顿开。那次他偶然经过宝马公司总部,被宝马集团的宏大震撼了。居然还有这样优秀的企业,这是他当时的感受。由此,他的心中升腾起另一个理想:一定要把公司做大。他一步步努力,终于实现了理想。

这些资料来源于克莱姆自传,从这些叙述中,我们至少可以得出以下结论:其一,每当出现一个小成功时,人都会自觉不自觉地被懒惰主宰。那些成功者同样有过这种经历，他们之所以能跨过这道坎儿，成就显赫，在于他们不断克服懒惰，向更成功者看齐。其二，小成功者与大成功者的差距。我们都有过成功的经历，但成功带来的感受却不一样。宝马集团的总裁成就感显然比克莱姆要强。同样都是人，我们为什么不可以成就大成功。不要抱怨命运，我们拥有的有限，成功的层次偏低，那是因为我们付出的努力不够。其三，目标的重要性。克服懒惰的最好方法是树立目标，它能让我们放弃夜郎自大的心态，可以看清楚周围的世界，以及自己在社会中所处的位置，利于清醒自己的头脑。

懈怠是难免的，即使如爱因斯坦、霍金、比尔·盖茨这些伟大的人物，也会有慵懒的时候。他们跟我们不同的是，他们能控制住懒惰，而我们经常被懒惰控制。假如我们想突出，成为别人眼中的焦点，勤奋、坚持不懈的奋斗，是唯一的途径。

勤奋就是核心竞争力

时下有很多流行的说法：技术是核心竞争力，人才是核心竞争力等等，这些说法本身都没错。没技术、没人才，企业根本无法立足，但在技术、人才的背后，其实一直都是勤奋在支撑。与其说它们是核心竞争力，不如说勤奋是核心竞争力来得贴切。

任何一个成功的企业，都有一批勤奋的员工在支撑。有一次国内某著名企业组织人们去参观，公司主管领导带着参观人员来到工作间，参观者发现员工根本没反应，没有一名员工正眼瞧参观人员，他们所有的心思都集中在工作上。

参观后一位人员感叹："我还以为他们的领导在吹嘘，现场看了之后才知道，他们强劲竞争力并非浪得虚名。"

格力电器总经理董明珠就曾表示过："我个人的核心竞争力就是勤奋、诚信。如果没有勤奋，期望守株待兔，肯定创造不了事业，勤奋是事业的根本。"

著名CEO唐骏的观点与董明珠不谋而合。很多人都问过唐骏一个问题："一个普普通通的软件工程师，七年时间怎么就能成为微软中国区总裁？这在微软历史上没有过，在中国的外企也没有。难道是因为聪明？"

他的回答很质朴："你看我这个样子就知道我不聪明，但你看不出我几年、几十年如一日的勤奋。我没有其他秘诀，只有勤奋。一点点聪明加上十点的努力，就够了。领导不会讨厌勤奋的员工，勤奋在一个人的职业生涯中比什么都重要。"

唐骏曾受陈天桥邀请，加盟盛大集团，并获天价薪金。每天，唐骏都是上班最早下班最晚的人。合同结束后，老板陈天桥给他的评价是，钱没有白花。一句短短的评语，是对他工作能力的评价，也是对他勤奋的肯定。

让老板们感到失望的是，像唐骏这样的员工太少了。当下员工的现状是，只要不出大的纰漏，能混则混，根本没考虑要成就梦想。懒惰的后果有多严重，他们还是估计不足。

一个农夫家里养了几头牛，到了农忙时节，每天天不亮，主人就要赶着它们来到庄稼地，辛苦地劳作，直到夜幕降临时才收工。其中一头牛觉得这样的生活方式太累，便寻思，是否有好的办法可以摆脱劳动，又可以好吃好喝。它认为生病是一种好方法。它的预谋第一天得逞了。主人不但让它休息，还好吃好喝伺候着。第二天，另一头牛回来，这头牛问主人有什么表示。得到的答案是没有任何表示。第三天，它又问同一个问题。这一次的答案让它终身后悔，主人收工时在路上与村里的屠夫商量如何处理这头牛。

这则故事的寓意不言自明。在高度竞争化环境中，企业要生存，必须要求每个员工都要努力。如果员工要奸使诈，即使手段很隐蔽，也逃不脱真相被揭穿的命运，就像寓言中的那头懒惰的牛一样。

能充当核心竞争力的有很多，比如创造、技术等，只要能自圆其说，都可以如此表述。但从终极意义上看，勤奋才是核心竞争力，失去了它，其他的都失去了落脚点。

勤奋胜于天赋

两把刀，一把锋利，一把钝，你选择哪一把。如果没有特定的环境，你可能会选择那把锋利的。而当在特定场合下，比如招聘时，你可能会犯难，究竟要选择哪一个。这正是英国康奈公司考核员工的题目。

这道题看似是一个非此即彼的选择，但无论你选择哪一个，都需要带上另一样东西——磨刀石，这样你的答案才会圆满。

不知读者是否看明白了，这道题的寓意是，锋利表示聪明，钝代表天赋一般，磨刀石代表勤奋。不论你是聪颖还是笨拙，对于招聘单位都不是最重要的。他们看重的是，你是否够勤奋。在招聘单位看来，勤奋是除称职以外最重要的素质。

勤奋胜于天赋，这样的例子比比皆是。比如爱因斯坦，一个大名鼎鼎的科学家，上小学时连一道简单的数学题都不会做，以至于老师和周围的同学都捉弄他。那些看上去聪明的经常嘲讽他的人，没有一个人的成就比得上他。比如爱迪生，依靠母亲的教导成为世界级的大发明家……

他们最初的表现，都是我们经常所说的智力低下的表现，可是他们的成绩却有目共睹。有一种原因不容忽视，就是勤奋。

爱因斯坦说过："在天才和勤奋之间，我毫不犹豫的选择后者。她几乎是世界上一切成就的催生婆。"

爱迪生也说过类似的话："我被无数次地嘲弄为弱智，可是勤奋让我成就了他们可望而不可即的辉煌。"

我们不认为看起来智商高的人智商一定就高，举止轻浮的人看起来都挺聪明，是不是真聪明，需要踏实、勤奋去检验，实际工作起来，是否聪明就能分辨出。

严格意义上讲，看起来聪明但不踏实做事的人是伪聪明，他们不想勤奋的原因是不想让别人识破他的智商不高而已。索尼总裁盛田武夫早已下了论断："我不需要看上去聪明的人，需要在勤奋工作中体现出智慧的人。"

即使你不够聪明，也无须担心你工作的成效，只要努力，一切皆有可能。

他毕业于一所普通的三流大学，在强调文凭、出身的职场，无疑他缺乏竞争力，屡次的求职失败证明了这一点。在屡次失败后，他终于被一家公司接纳。同他一起进来的还有几位同事，都有显赫的学历和家庭背景。他不免有些自卑。

事实上，他的确应该自卑。同事都会的知识和技能，他居然没听说过。别人一小时能做完的工作，他需要两个小时甚至更长的时间。那段时间对他来说无疑是种煎熬。恶补一段时间后，他顺利通过了试用期，开始过上了正常上班族的生活。与他人不同的是，当同事由于过了试用期而表现出某种懈怠时，他却一如既往地努力。

一年后，他被提拔为公司技术主管，管理那些学历比他高、背景比他显赫的同事。老板给他的评价是，能够把平时工作当成试用期的工作来做，这就是不平凡。

虽然他起初基础不好，但由于努力，最终在强手如林的竞争中脱颖而出，成为那个最先露头的锥子。

成功需要勤奋，已被太多的人和事证明过。现在对这个命题进行论证，有点味同嚼蜡。即使我们被斥为"低能"

“弱智”,只要勤奋,就一定能在职场上闯出一片天。

积极参加培训

培训分为两种:一是公司组织的培训,二是员工的自我培训。这里强调的培训是员工的自我培训。之所以要频繁地强调自我培训,在于自我培训更有效,获得的效果也最佳。

在很多次的企业培训中,我们都发现,员工在对待企业培训问题上,或多或少都存在敷衍的成分,不是小声嘀咕,就是暗地里玩小动作。这样的培训起不到太大的作用。

外界的刺激会产生一定的影响,但自己的主观追求是最好的完善自我的方式。只要自己想学了,一切就会水到渠成。

逆水行舟,不进则退。现在的技术更新很快,几个月的疏忽就会导致技术上的陌生感。这不是妄谈,我们每一个人都有切身体会。只有不断进取,才能跟上技术发展的潮流。

松下电器创始人松下幸之助曾说:“即使是最优秀的毕业生,进入企业时都是半成品,如何尽快使他们成为合格产品,既需要企业的打磨,更需要他们自觉磨炼自己。”这个“更”字体现的是自我培训的重要性。

柳井正是2009年日本新科首富,关于他的传奇致富经历,一时成为美谈。而最为人们称道的是他的勤奋。

小川孔辅是日本法政大学经营系的教授，他第一次与柳井正会面时，就对其留下了深刻的印象。谈话过程中，柳井正不仅认真聆听，而且还不停地记录，记下认为对自己有益的观点，还时不时地提出心中的疑惑，以求解答。小川孔辅由此断言，他必将有巨大的发展空间。

何止记笔记这么简单，在柳井正事业发展过程中，不仅自己抽出大量时间学习，掌握最前沿的技术，还自己掏腰包每个月给员工提供一本书，督促他们学习。正是由于勤奋，不仅成就了他自己，也成就了他的员工。

马斯洛的需求理论指出，人的最高理想是自我实现。兑现自己的理想，不是仅靠空想就能达成的，它需要努力作为桥梁。

积极地自我培训是无法回避的路径，那么该怎样培训自己？

第一，结交同行。这样做的一大好处是，它容易使我们准确地把握本行业的技术更新和变化。与同行的点滴交流胜过非同行的千言万语。

第二，看书。我们所拥有的许多知识都是从书本上获得的，最新的技术书上都有介绍。购买专业书籍阅读是很好的方法，去图书馆借书也是一个不错的途径。

第三，利用互联网。互联网是个公开的平台，里面的信息五花八门，只要搜索，需要的答案就会悉数奉上。即使查不到，也可以在网上留言，请内行给予解答。

第四，花钱上学习班。这是种最有效的途径，但也是最花钱的办法。如果你的收入允许，不妨采用这种方法。

工作的过程，其实就是不断学习的过程。要想不被工作抛弃，坚持不懈地主动充电是必须的。只有坚持，我们才能成为不可替代的员工。

勤奋创造奇迹

他是一个普普通通的农民，如果在他身上没有发生这件事，可能一辈子都被别人小看。从某种角度来看，他可以作为一个勤奋的范本来推荐。

若干年前，他得了肝硬化，几乎所有的医生都告诉他，如果不住院治疗，生命随时都可能被终结。他当然希望生命可以延续得久一些，不过家境贫困决定了他无法住院。家里只有几间几十年前的房子，家具也是祖上遗留下来的。可以这样说，在整个村子里，他家是最穷的。

医生还告诉过他，这种病需要静养，不能劳累过度。上有老，下有小，这种处境使得他不可能赋闲在家。他似乎生机渺茫。

而奇迹不知不觉间发生在他身上，奇迹的创造点是勤劳。虽然家境不好，但不表明他是一个懒惰的人，相反他极为热爱劳动。即使病重时，他依然一边吃着廉价的草药，一边下地干活。疾病并没能干扰他的正常生活。他种的菜几乎全村人都吃过。两年以后，当他去医院复诊时，医生也大吃一惊，硬化的肝部居然变得很健康。医生告诉他，只要他活着，肝部就不会再有问题。

这是一个很普通的男人，如果这件事没有发生在他身上，可能一辈子谁也看不出他有什么长处。看来，即使如我辈这样的普通人，只要勤奋，奇迹也会眷顾我们。

对于勤奋者而言，日日是好日，他们不会被情绪、挫折、意外所左右，打消勤奋的念头。在他们看来，勤奋是成就一切的垫脚石，缺少它，任何的理想只是美丽的幻影。

哈波特说过："我不知道人们怎样看待我的成功，以我自己的理解是，我比很多人都勤奋，这是我胜出的秘诀。没有它，我可能还会像他们一样，站在谷底羡慕站在山巅的人。"

很多人习惯于用薪水来衡量工作的强度，他们认为，给多少钱就干多少活。这种想法不仅害了老板，对自己也是有百害而无一利。也许你所付出的劳动与你的薪水暂时不成比例，但也要这样思考问题，在我勤奋的过程中，可以获得比金钱更宝贵的东西，比如经验、技巧、知识等。用发展的眼光来看，它们也是我们以后获得更多财富的基础。有了它们，就有了改善生活的本钱。日复一日地懈怠，永远只会拿到微薄的收入。

"业精于勤荒于嬉，行成于思毁于随。""勤能补拙。""滴水穿石。"……这些都是关于勤奋的古训。近几年勤奋被提及的次数好像少了很多，人们更热衷于讨巧，迷恋于鸡鸣狗盗，追逐于一夜暴富。可是，只要我们稍微打量一下就会发现，这些人没有一个取得了令人信服的成功。真正成功的人，都是那些日复一日勤奋不怠的人。

这个世界存在很多的奇迹，但奇迹的发生需要很多条件，勤奋就是其中之一。不要热议别人的奇迹，只要我们执著于勤奋，日复一日地坚持，没有什么不可能发生。

任劳任怨做好每一件小事

细小的事，做起来不会带来太多成就感，比起一次做成一个大单子的成就感要廉价许多。但是，工作中并没有多少轰轰烈烈的大事，更多的只是一些细小的事。能够兢兢业业把小事做好的人，其能力比成就大事业毫不逊色。

很多人都看轻了小事中蕴涵的智慧。其实，小事情的妥善解决并不比解决一个大事件来得容易。佛家有言，一花一世界，一叶一菩提。任何一件小事情都蕴涵着诸多的矛盾体。能把它们做到完善，并不是一件容易的事，它需要我们付出极大的努力。

澳大利亚政府为表示友好，向新西兰政府赠送了两只袋鼠。新西兰方面为表示感谢，特地把两只袋鼠交给了最有管理经验的动物园管理。园方自然也不敢怠慢，耗费巨资，修建了一个既舒适又宽大的围场。为防止袋鼠跳出来，还在周围安上了1米高的围栏。

第二天，袋鼠在围场外很惬意地吃着草。园方大吃一惊，第一反应是，袋鼠怎么可能跳这么高。然后一讨论，决定再将围栏增高1米，防止袋鼠再次跳出。

令他们意想不到的是，第三天，袋鼠照旧跳了出来。园方对此大惑不解。专家曾告诉过他们，袋鼠最高也跳不过2米，难道专家有错，抑或是还有其他问题？

园方经过仔细分析后发现,原来由于管理者的疏忽,围场的门从没关上过。这就是为什么一再加高围栏的高度,而袋鼠却依然可以跳出来的原因。

关上围栏的门,根本就是一件小事,但是正是由于对其认识不足,导致园方无故浪费了钱财,还做了诸多无用功。

某校招聘教师,经过几轮紧张的角逐,最后只剩下三名优秀者竞争一个教师的岗位。

三位在试教前,都做好了充分的准备。上课时,每个人都讲得异常顺畅,博得台下领导和同行们的阵阵喝彩。可以看出,他们三位都很优秀,从中选择一位将是一件异常艰难的事。

揭晓那天,其中一位被校方录用了。按照听课老师的说法,这位被录用的教师并非是讲课讲得最出色的。那为什么他能得到校方的青睐?校方给出了答案:他是点名叫学生起来回答问题,而其他两位只是使用A、B或是用手指让学生发言,校方认为这两种都不妥。他们认为,一个老师教学质量的高低,和他的授课水平当然有关,但更为重要的是,老师一定要有一颗爱生之心。只有爱学生,学生才会有向师之心,才能学好这门课。这个答案让人意外,也让人信服。

竞争激烈的岗位,就是因为一个小细节做得到位,最终使他得以胜出,这就是把小事情做好的价值。

很多情况下,是否做好一件微不足道的小事,就有可能成为商场成败的关键因素。因此,任何一件小事,都要认真对待,兢兢业业地把它做好。它不仅关系到事业的成败,也关系到我们的前途。

机会靠勤奋获得

我们总是错误地认为,机会是靠投机取巧或是命运的垂青获得的,而那些获得机会的人都是命运的宠儿或善于钻营。

我们曾就这个问题调查过很多人,他们的回答千奇百怪,唯独没有一个人说机会来自于勤奋,这不能不令人诧异。

不可否认,有些人的确通过投机获得了机会,有的人也确实得到了上苍的眷顾而飞黄腾达。但这种概率很小,多数人的机会均来自于他们的勤奋。在勤奋中机会不知不觉降临到他们的头上。

美国标准石油公司,有一位身份低微的小职员,名叫阿基勃特。虽然他只是公司一名普通的推销员,但是他非常勤奋,在别人看来是可做可不做的事,在他眼中都是大事。很多人为此称他为书呆子。

当时公司的宣传口号是:“每桶4美元。”公司要求,凡是业务员签单时,都要签上这句话。很多员工对此颇不以为然,认为签上自己的名字已经足够了,不必再找麻烦。

在他们当中,只有阿基勃特几年如一日地签下这句话。时间久了,同事又开始开他的玩笑,甚至还给他取了个绰号“每桶 4 美元”。久而久之,他的真实姓名反而被忽略了。

洛克菲勒是个非常细心的老板,他知道有些员工怕麻烦,会省去写这句话的程序。他想看看公司究竟有没有人能几年如一日地坚持做这件事。经过调查他发现,只有一个叫阿基勃特的员工照办了。

洛克菲勒异常感动,他找来阿基勃特,问他是什么力量支持他做一件在别人看来很枯燥的事。他回答说:“既然公司有这个规定,我就遵照执行,这是我的责任。”

结果可以预见,他成了美国标准石油公司第二任董事长。

这则故事乍看起来跟勤奋无关,其实就是勤奋在其中起着巨大的作用。试想一下,如果没有形成勤奋的习惯,阿基勃特不可能做同一件事能持续几年的时间。

在阿基勃特的传记中,还记载着这样一件事:5 岁的时候,他的父亲去世了,阿基勃特由母亲一手带大。在其成长过程中,由于家境困难,他不得不一边上学,一边帮妈妈干活。他少年时期的生活就像现在中国穷人家的孩子一样,跟大人一样劳作。每天上学前,家务都是由他完成的。

传记作者在记叙他的这段经历时,写下了如下文字:从一个人的成功方式可以反观他的成长经历,如果没有童年和少年时期的磨砺,使他养成了诸多的好习惯,也许他像其他人一样庸庸碌碌。正是由于具备了这些品质,不知不觉间被洛克菲勒看中。“好习惯就是财富”在他身上表现得异常明显。

传记作者所说的好习惯，其中就包括勤奋。如果没有把勤奋融入骨髓中，他不可能有这个韧性几年如一日做同一件事。

不要叹息机会的稀少，机会就在我们的勤奋中。只要我们心无旁骛地勤奋下去，命运之神终会眷顾我们。

第四章

做个好相处的员工

毒蛇、恶虎与凶猛的飞禽没有关系，然而它们相见一定会互相号叫，为什么？因为它们都希望把对方置于死地。牛、猪不是八哥的坐骑，而八哥却可以在它们身上自由行走，这又是为什么？因为彼此并无恶意。身在团队中的我们，应像八哥和牛、猪一样，和睦相处。我们需要一个人的精彩，更需要一群人的狂欢。

活在一个不开心的集体中，注定成就不了伟大事业。同事之间出现问题不要把所有的责任都推到对方身上，应从自身找原因。我行我素，只考虑自己的感受，注定会遭受众人的排挤。假使想成就一番事业，融洽的同事关系是必不可少的因素。

不要苛求百分百的公平

有一群小孩在外面玩，那个地方有两条铁轨，一条已经停用，一条仍在使用。只有一个小朋友选择在停用的铁轨上玩，因为他感觉在那玩耍是正确的。其他的小朋友都在正在使用的铁轨上玩。

很不巧，这时开过来一辆火车。火车司机看铁轨上有很多的小孩子，便做出了令我们很难相信的举动，把火车开向那段已经停用的铁轨。结果大家都想到了，多数孩子得救了，而那个选择正确地点玩耍的孩子却失去了生命。

这是一个关于公平悖论的故事。当我们认为自己做的正确会带来公平的结果时，有可能是美好的一相情愿，它不意味着公平的降临。正确能否兑现公平，需要看它是否与另一个更大的正确合辙。

当正确与正确发生冲突时，在非此即彼的二元选择下，两个正确必定有一个做出让步。

美国心理学家亚当斯提出一个“公平理论”，认为职工的工作动机不仅仅受自己所得的绝对报酬的影响，而且还会受到相对报酬的影响，人们会自觉不自觉地把自己付出的劳动与所得的报酬同他人比较,如果觉得不合理,就会产生不公平感,导致心理不平衡。

施惠玉是一家公司新进的销售人员,虽然来的时间不长,但却有一肚子的委屈。牢骚的触发点是,她认为公司对她不公平。例如,本来一个大单子是她费了九牛二虎之力才联系上的,可领导偏偏将这个即将到手的业务,让其和另一老员工合作完成,结果导致她的提成减半。

施惠玉心里的这种不平衡,正如亚当斯所言的公平理论,在绝对待遇相当的情况下,如果某件事触发了她认为不合理的那根神经,有可能会带来心理上的波动。

施惠玉的事情几乎在每个公司都会发生,原因很简单,当一个大单子摆在案头上时,对于公司而言,也是一种诱惑。当公司想把它转化成实实在在的利润时,公司方面需要考虑这笔单子的执行人。施惠玉刚来公司不久,属初级员工,无论经验还是应变能力均有欠缺,老板对其能力还是持一种怀疑态度。在尊重施惠玉有效劳动的前提下,让她和老员工合作完成这笔单子,是顾全大局的万全之策。

参加企业培训时,这是很多员工经常会提及的问题。打一种戏谑的比方解答员工的疑惑:不要总是感觉委屈,请想一想孙悟空。孙悟空本领大,敬业,人脉广,擅长七十二般变化。就是这样一个人才,还屡屡被怀疑、排挤,何况还不太优秀的我们。可是,经过打击、误解后,孙悟空最终修成了正果。

没有所谓的百分百公平，职场上多数的公平都有附加条件。当你的公平与某些重要的附加条件相冲突时，公平则会消失。

但是从长线来看，公平还是存在的，就像孙悟空最终修成正果一样。这种终极公平是对正确、勤奋、一以贯之的肯定和褒奖。

职场与官场看似不同，无官位，无特权，但它是微型的、民间版的政治，其中的利益纠葛不能用日常生活的伦理来考量，它需要用政治眼光来看。寻找到正确的视角，我们的心态也就顺理成章的平和了。

谣言到此为止

想必我们很多人都会记得 2008 年的广元柑橘事件，一个小地方自产自销的柑橘在不无恶意的渲染下，立刻导致整个柑橘行业的溃败。一时间，人们对柑橘敬而远之。这就是谣言的发酵效果，它的功力比之武器毫不逊色。

我们所说的谣言并非是指这种大事件中的谣言，而是指办公室中的谣言和近似于谣言的闲言碎语、无聊之词。办公室的人事关系被人戏称为办公室政治，可见办公室也不是一块净土。办公室里的人虽少，但什么事一提到政治高度，事情就会变得不那么简单，一旦闲言碎语传播下去，带来的负面效果不可低估。

经常看到这些现象，某几位同事聚在一起，小声嘀咕着什么，等你走来，他们的谈话立刻戛然而止，而且眼神间透露出神秘的意味。或是，你正在做某事，一位或两位同事小心翼翼地走过来，跟你聊天，把你裹挟进他们的谈话中……

谣言具有发酵效应，这种情况不管是针对你还是对其他人，都是一种伤害。

细究谣言制造者的意图，我们发现不外乎有以下几点：第一，他遇到了强劲对手，在常规方式无法击败对方的情况下，制造谣言击垮对方。这是别有用心者惯用的伎俩。第二，无聊者无聊时为寻找谈话对象而不得不采取的一种方式，因为神秘的谈话方式最容易勾起人的谈话欲。第三，恶意报复。

对于办公室谣言，我们的主张是，不主动参与；被动参与时，不表态，不附和，必要时做个聋子。

他大学毕业后进入某行政单位。上班前，有经验的父母再三叮嘱他，要正确处理好办公室人事关系，不关自己的事不掺和。尤其是小道消息，不轻信，不传播，听到了就把它忘掉。

这个单位人虽不多，但关系颇为复杂。人员分成两派，一派拥护局长，一派拥护某副局长。某天，一位副局长的拥趸跟他寒暄，有意无意间提及局长的诸多隐私。他记起了父母的叮嘱，便微笑着打哈哈，未置可否。那位同事见他的响应不够热烈，便知趣地离开了。

生活在群体中的我们，不可避免地被谣言裹挟，我们可以被动地接受它，但绝不能主动传播它。必要时，做个聋子很合适。

如果谣言涉及自身，那该怎样处理？

第一，不追究，顺其自然。时间是检验谣言的最好方法，谣言可以蛊惑人一时，但在时间的沉淀下，不怀好意的谣言也就不攻自破。

第二，反省自己的过失。细察自己是否在某个方面做得不够妥帖。如果确信这是诱因，可以开诚布公地与制造谣言的当事人谈一下，消除影响。

第三，审视谣言的产生过程，看是否是沟通过程中产生的隔阂而造成的误解。这里多提一点，同事间的及时沟通很重要，很多误会，包括工作做得不到位，都与沟通有关。确定原因，采取彬彬有礼的方式加以解决，绝不可简单粗暴。

宽容对待同事的排挤

排挤也应该算是小范围内的一种政治意识形态，它虽然不像刀枪一样夺人性命，但其伤人的本领和侵蚀心灵的作用却不可低估，如果不采取有效手段给予化解，有可能演化为情绪上的危机。

遭受排挤的人大致可分为以下几种：第一，太有才华，超过了同事的预期，众人自惭形秽而排挤。第二，被领导重视，从而引起众人的嫉妒。第三，性格上有缺陷。诸如心直口快，喜欢搬弄是非等等，这些人往往情商较低。第四，有背景。这里所说的背景，指的是与老板有某种实质性的关系，比如家人、亲戚等。

第三、四种我们不必讨论。性格上的缺陷导致人际关系不佳怨不得别人，须从自身找原因，想把工作做好，尽力修复关系是必要的。我们不妨讨论第一、二种。

她是一家广告公司的职员，无论从哪个方面看，她都是很出色的。比如，当同事还在为公司指定的任务而忙得焦头烂额时，她可以很轻松地完成公司指定的限额。再比如，她的所有客户都与她保持一种很好的合作关系，以致从未发生过遭人抢业务的情况。

业绩的辉煌不能完全减少她的烦恼，最近她陷入了另一种形式的不愉快——遭人排挤。令她想不通的是，平时她为人处事已相当注重分寸了，不张狂，不显摆，绝对的低调做人，为何还会遭受排挤？

她被排挤不是由于其他原因，而是因为太出众，业绩太好了，以至于像镜子一样照出了他人的无能。当你把众人比得相形见绌时，众人会联合起来形成集体性反抗。

出众很多时候也是一种罪过，但我们不可能为了众人的齐步走而退化我们的优秀。在这件事上无法做出让步时，解决问题的最好办法是，不过分看重别人的排挤，宽容地对待这一切。这种宽容不需要居高临下，需要的是平等的对视。在你的宽容下，相信周围人会逐渐习惯接受你的优秀。

在与他人工作成绩相当时，由于某一方面的优秀而受到领导的青睐，从而被高看一筹，这种情况最易被排挤。经常听到这样的闲言碎语："他并不比我们强，老板为什么偏爱他？""他不会是老板的亲戚吧。""看起来挺实在，其实很善于钻营。"……相信这样的议论我们似曾相识。

我们不需要怀疑老板的用意，可能老板看出了我们的某一点长处，从而另眼相看。真正应该考虑的是，我们应该怎样化解同事的不满。

第一，低调做人，低调做事。在相同处境下，你比同事多获得一份领导的青睐，应该知足。得了便宜应该卖个乖，必要时应该比过去更加谨慎。

第二，向同事介绍老板对员工的要求，让他们也能了解老板的真实想法，既能化解同事的误会，也能更好地促进工作的开展。

第三，适当地采取亲民手段。比如买点零食让大家共享等，这不是收买人心的小人行径，而是融洽关系的一种必要手段。当同事间缺乏话题时，温馨小事能起到消除隔阂的润滑剂作用。

由于众所周知或是难以启齿的原因，不可能不存在纷争。当排挤沾染上我们时，不必过于介意，采取稳妥的方法解决它，相信与同事间的关系仍会十分融洽。

正确对待上司的误解

只要在职场上工作过一段时间，都会或多或少有被上司误解的经历。面对既成事实的误解，我们是否应该辩白？

有人会有这样的担心：本来误会已经形成，再向老板解释，是否会越描越黑，招致老板更大的反感？这种担心的确有必要，但我们必须分清是怎样的误解。如果是涉及个人隐私及道德层面的问题，需要据理力争。应该清楚，尊口难开的洁癖和把一切误会交给时间处理带不来你道德的清白。即使真相会被揭开，也需要时间。等待是难熬的。

1976 年 2 月的一天，在墨西哥一家电影院里，哥伦比亚作家马尔克斯和一群社会名流相谈甚欢，突然他看见了好友，同属拉丁美洲文学领军人物的马里奥·略萨。正当马尔克斯快步走上前去拥抱他时，令在场所有人没想到的是，马里奥·略萨抡起胳膊，以一记重拳正中马尔克斯面门，马尔克斯应声倒地，鲜血从鼻孔中奔涌而出。

略萨这一拳结束了两个人长久以来建立的友谊，从此二人反目成仇，30 多年二人形同陌路。据说，两人翻脸跟女人有关。当年略萨和老婆闹离婚时，他老婆曾向马尔克斯寻求安慰，而马尔克斯给她带来的安慰据说超出了略萨可以接受的范围。

几十年过去了，当事人马尔克斯三缄其口。而据了解马尔克斯的人说，以马尔克斯的人品，不可能乘人之危侮辱朋友的妻子，是略萨太敏感了。

这是一个经典而著名的误会，看似与职场上老板对员工的误会不同，其实实质上是相同的。由于马尔克斯的三缄其口，从未在公开场合洗白自己，使得道德的污点深深地印在他的身上。把这种误会交给时间处理显然不靠谱。

在处理涉及道德层面的误解时，也不要为了辩白而辩白，需要拿捏住分寸。老板既然对你产生了误会，便会存在先入为主的偏见。如果辩解的技巧未能掌握好，有可能弄巧成拙，使老板产生厌倦之心。

或者过一段时间，找个愉快的氛围旧事重提，误会所造成的愤懑情绪在时间的流逝中冲淡了些，加之又在愉快的氛围中，误会会自然而然地得以消解。

另外，你也要相信老板在这段时间也许通过其他途径已经了解到事实真相。当你提及此事时，他会做出正确而得体的反应。

对于有些误会可以选择不辩白，比如无关痛痒的或是不涉及道德层面的误解，一切以忍为主。很多的误会很难分辨出子丑寅卯，与其在这个上面耗费工夫，不如把心思放在工作上。

老板误解员工，有可能是听信谗言，也有可能是一时的判断失误。对一个人是否具有良好的印象，需要长期的累积。只要兢兢业业地工作，相信老板会正视自己的误会，他也会反省，“我是否误解了他”。

尊重老员工

在具有良好企业文化的公司中，能力说明一切，年龄和资历并不占主导地位。但在很多公司，还存在一些看起来不那么优秀的老员工，他们虽然不具备卓越的才能，但由于工作的年限长，在企业中也颇受重视。

我们不可避免要与他们打交道，那如何处理与这些员工的关系？在分析这个问题之前，不妨讨论一下老员工存在的原因。

第一，他们是老板的忠实追随者。从创业开始，他们就已经并肩作战，虽谈不上有什么显赫的功劳，但有苦劳。老板之所以挽留他们，看重的是情分。

第二，他们有过人之处。只不过在日常琐事中没能发现他们的闪光点而已。很多人看起来平庸，一旦到关键时刻，智慧和才华就会展现出来。

第三，年龄是一种优势。虽然他们已经过了豪情万丈的年龄，不过他们不缺乏经验。勇气和经验的不同搭配，对工作会产生积极的影响。

北京有一家销售公司，一半以上都是老员工，即使招聘新员工，大多也在 35 岁以上。这对职场上强调的 35 岁大限来说，无疑是个挑战。可是，这家公司的效益却极好。年龄的优势在此一览无遗。

对待老员工，我们应该尊重。从公司开始的那一天起，他们就陪伴它成长。可以说，正是由于他们的无所畏惧，才成就了我们今天的事业。

职场新人最重要的是尽快融进集体，缩短了解公司的时间。而老员工的阅历与熟悉度则是十分珍贵的。老员工在公司工作时间长，对各方面都很熟悉，只要我们虚心请教，相信他们会知无不言，言无不尽，这是一条事半功倍的捷径。

如果你“不幸”成为老员工的上司，那该怎么办？

首先，忍耐。“忍一时风平浪静，退一步海阔天空。”老员工也不是冥顽不化的古董，你的忍耐他们能看得见。

其次，让他们挑重担。人最怕被别人看轻，对于老员工尤其如此。老员工基本上都是些没被提拔上去的员工，或多或少都有点自卑感，给他们重担挑，他们会认为你重视他们，无形中增加了对你的好感。当然，所给的任务须在他们能力所能承受的范围内。

再次，换位思考。老员工接受新员工的管理，在面子上多少有点过不去。换位思考后，你会理解他们的苦衷。

最后，对于极少数费了九牛二虎之力也无法沟通的员工，则可以把这个问题交给你的上司，请求他的帮助，上司会有办法解决这个问题。

当然，这个办法是下下策，不到万不得已不要用，它会让你的上司误解你管理能力不足，由此对你的能力产生怀疑。

不管怎么样，老员工还是应该得到尊重，这不仅是传统方面的问题，更是对他先前作出努力的认可。

跟老板开诚布公谈加薪

加薪永远是个敏感的话题。说它敏感，是因为我们自作主张地把老板都想象成铁公鸡。也正是因为如此，很多员工总是在私下里抱怨，而真正提到台面上来的少之又少。

老板不希望员工因为薪水问题而影响工作，只要员工能提供足够的理由，老板不会吝啬他的腰包。开诚布公地谈加薪，双方在明处协商比在私底下嘀咕要强。

那么该怎样跟老板谈？讨论这个问题之前，先讨论一下，谈加薪前，该注意些什么。

第一，你能确定你足够优秀，这是加薪的前提。几乎每个老板都不会乱花一分钱，当他们认为花出去值得时，也会毫不吝啬地来一次大手笔。比如陈天桥天价薪金聘请唐骏。我们大多数人不具备唐骏的才能，但必须在同事间是优秀的，如果在公司这个群体中都达不到顶尖，加薪的可能性微乎其微，此时谈加薪，不但得不到想要的结果，可能老板的一句反问会让你很难堪。

第二，把你的薪水跟同行做个比较，看是否低于同行的水平。很多公司员工涨薪幅度比较慢，并不是因为老板吝啬，而是因为老板在确定工资标准时，已超过同行业标准。这种情况下，再加薪的可能性也不大。

第三，你是否还有潜力可挖。假如你的薪水提到一个新的高度，而你所创造的利润却是原地踏步，此时老板也会权衡，是否有给你加薪的必要。如果认为自己还是潜力股，不妨一试。

以上三点想清楚后，可以向老板谈你的想法。在谈的过程中，需要讲策略。

首先，不要在老板不高兴的时候谈。谁都有不开心的时候，老板也不例外。比如生意不好，刚刚失去一笔买卖等等，此时谈加薪无异于火上浇油。等老板高兴时，把话题抛出来，会收到很好的效果。

其次，秘密地谈。虽然说要开诚布公，但你所针对的对象是老板，而不是搞得满城风雨，让每个人都知道。应该注意，老板的手下有很多员工，一旦公开，会影响其他员工的情绪。

再次，谈话的语气尽量客气。谈话的对象是老板，是给你发工资的人。即使是一个我们不相识的陌生人，起码的尊重还是应该具备的。

最后，加薪的想法一旦被老板否定，也不要恼羞成怒，摔凳子走人。此时，最需要的是冷静，仔细想一想是否还有更好的归宿供我们选择，是否还有什么地方做得不够好，为什么别人的薪水比我高，等等。想明白这些问题，需要规划下一步的工作，而不是闹情绪。

婉转点出老板的不足

老板不是神仙，也会有百密一疏的时候。老板犯错了，作为员工，是据理力争，拼死相谏，还是百曲千回，润物无声地点出老板的不是？

二战时期，德国侵占苏联，苏联形势岌岌可危。苏联领导人斯大林极其傲慢，有着一种无法说服的刚愎。对于同僚的合理化建议，不是当场否定，就是不加理睬。很多同僚都对苏联的前景表示担心。

可唯独有一人的进言，斯大林听得很受用，而且是舒舒服服地吸收。他的进言方式与其他人不同。每次开会前，别人都极力要求斯大林这样做那样做时，只有他说话时装疯卖傻，颠三倒四。但是，所有的合理化建议都隐含在他的颠三倒四中。几乎每次开会，斯大林都会先把他痛斥一顿，然后心满意足地将他的意见捋一遍，形成自己的意见，供大家参考。

有历史学家说："二战苏联能战胜纳粹德国，与其说是斯大林、朱可夫等人谋略的胜利，不如说是他智慧的胜利。斯大林绝大多数的作战计划都是由他提供的。"

有人曾讥讽他的进言方式很弱智，是在出卖自己的尊严。他的回答很轻松："在国家前途和个人尊严进行比较时，个人尊严根本不值一提。只要我的意见能被元首采纳，我的苦心就没白费。"

这个人就是苏联红军总参谋长华西列夫斯基。

我们遇到的不论是开明的领导，还是傲慢的领导，也不管他们的修养有多高，下级点出上司不足的前提是，必须婉转。

具体该怎样点出老板的不足?

第一，必须确定老板的决定是错误的。老板和员工由于视野和思维方式上的不同，针对具体问题时往往意见相左。比如说，有些员工性格乖戾，不合群，但他的能力极强。从员工层面上来看，跟这样的同事共事无疑会很痛苦，欲除之而后快。而对老板而言，虽然这样的员工短处很明显，但他的长处别人无法企及，老板所看重的正是他的优点。这种时候，我们必须全面考量老板的想法，看他的决定是否超出了我们的理解范围之外。

第二，选择恰当的时机。任何一个合理化建议，只有在合理的时间内提出，才能达到理想化的结果，否则都会打折扣。比如在老板心情愉快时进言，会达到事半功倍的效果。

第三，私下商量。老板是所有员工的老板，需要面子，需要威严。即使你的进言很婉转，如果当着众人的面，聪明的人也会窥出你说话的意图，这也会令老板很尴尬。应该找个合适的地方私下商量，效果会很好。请相信，只要你给足老板面子，同时意见也是正确的，老板会毫不犹豫地采纳。

第四，我们可能地位较低，不能直接接触老板。如果发现老板的不足之处，不要有“公司不是我的，错了就错了”的心态，而是要找你的上司，以他为桥梁，传递出你的意见。

第五，通过电子邮件的方式表达。现在的网络异常发达，很多老板的办公邮箱也都向员工开放，采取不见面的匿名方式提意见，既可以化解尴尬，又可以达到效果。这是一种行之有效的途径。

无论何时我们都应该记住这样的事实：老板是老板，员工是员工，在你未成为老板之前，态度必须谦恭。即使是正确的意见，也需要采取正确的渠道。强给的善意令人无法接受。

大度接受同事的升迁

同事的升迁是我们无法回避的问题，同时进入公司，并肩作战，随着业绩、做事方式的不同，同事的能力也出现了分化，曾经的同事成了我们的上司，往日的亲密无间霎时间有了上下级的沟壑。遇到这种情况，该怎样解决？

他在副职上干了十几年的时间，在这期间，正职换了好几位，有空降的，有从本单位提拔上来的，眼看着一个个副职都有机会坐上正职的位置，他被扶正的希望依然渺茫。论资历、能力，他都没问题，可机会总是阴差阳错地捉弄他。如果换成了别人，会有一肚子怨气，而他没有，正常上班，正常工作，该配合领导的工作照样配合。在历次的评比中，他都被评为优秀。

可能是领导看他态度好，人不错，工作无怨言，加上有一定的能力，终于在十几年之后被提拔为正职。有人跟他开玩笑，说他的局长位置来得真不容易，熬了许多年才熬到手。他的回答却令人意外，不是“熬”，而是努力工作，踏踏实实地工作。

一位老资格的副局长，居然在一个位置上待了十几年时间，心灵所受的折磨别人很难想象。正是由于他的忍耐、敬业、不声不响，才成就了他职业生涯的圆满。

任何善意的付出总会得到等量善意的回报，这点毋庸置疑。但在这种回报来临之前，我们需要做的是，不论谁是领导，好好工作，好好配合。

能够被老板看重的员工，自有其不同凡响之处，要相信老板的眼光。当你的同事被老板提拔时，心中不要有怨气。我们应该思考，老板为什么会选中他而不是我。

由于自尊的原因，我们往往会忽视或回避思考这个问题，导致心中形成了死结，一旦想通了，心中的结也就解开了。

对于同事成为我们的领导，以下的做法比较妥当。

第一，认真工作。当尊严还处在煎熬期时，不妨将注意力集中到工作上，认真工作总不是坏事。度过了这段时间，我们会在心里慢慢接受这一既定的事实。当它成为一种习惯时，结也就自然而然地解开了。

第二，配合。不管谁是领导，配合都是必须的，五个手指攥成一个拳头才具有杀伤力。

第三，支持。同事成了上司，不仅仅是你一个人的上司，还是其他人的。此时，他最需要得到的是支持。从一个普通的角色，摇身一变成为一言九鼎的主管，期间的变化需要一个适应过程。当你第一个站出来表示支持时，带给他的不仅仅是管理上的方便，更是心中的认可与感激。不要担心那些闲言碎语，只要你认为是正确的，那就去做。

第四，沟通。从一个普通的员工被提拔为领导，角色的调整需要时间，管理上不可避免会有些问题。切不可袖手旁观，要善意地或是旁敲侧击地提醒，使他及时改正管理上的差错。

坦诚面对公司未兑现的承诺

经常会碰到这样的情况：本来已经说好的承诺，到时间了公司仍未有兑现的迹象，此时是当面跟老板顶撞，还是怨声载道，挟私报复，抑或是在公开场合批评老板的不是。

老板不希望这样的事情发生，一旦发生，基本上会两败俱伤，没有挽回的余地。这种情况下，你不仅得不到本该属于你的东西，还有可能会造成无法弥合的隔阂。

正确的做法应该注意以下几点。

第一，考虑清楚公司未兑现承诺的原因。可能公司在年初把计划做得过于超前，但在发展过程中，遇到了未曾想到的问题，导致困难重重。这种情况下，理应采取宽容的态度，暂缓兑现。

第二，需要思考工作是否已经达到了老板提出的要求。很多员工在工作中，往往只记住老板的承诺，而对自己的工作业绩则会有意无意的忽略。企业对自己稍有不公，便会无限制地放大，结果导致越想越委屈。从事实来看，多数老板还是能遵守承诺的，他们之所以未兑现，是不是我们哪方面做得不够好？要求别人，先应反省自己的付出究竟有多少。

第三，是不是老板忘了。老板看起来很轻松，其实他们的脑袋像永动机一样，不停地转。毫不夸张地说，只要睁开眼，都在考虑问题。

员工的工作相对单纯，只要干好自己分内的事情就行了。老板的工作则不同，不仅需要管理公司，还需要打理方方面面的关系，其中的辛苦一般人很难体会。百事缠身时，人的忘性会很大，此时须先确认一下，再做决定。

第四，是否到了规定的时间。某些公司有时也采取阴历为标准的方式。这是需要考虑清楚，承诺兑现的时间究竟是哪个时间。

真相弄得一清二楚后，假使我们确信是老板的过失，有必要采取一些措施。采取措施前，必须遵循以下原则。

首先，不要得理不饶人，应心平气和地跟老板谈。同一件事，不同的解决方式会带来不同的结果，甚至可能是南辕北辙的结果。生活中经常看到这样的事情：某人占理，可就是方式上的不当，不仅没得到众人的支持，反而丧失民意。把你的想法跟老板讲清楚，再看老板的反应，相信明事理的老板一定会给你一个满意的答复。

其次，时机应选择恰当。老板情绪不佳、事务缠身时，切不可跟老板谈这个话题。他的承诺需要他来兑现，当心情不佳时，兑现的概率会降低。

再次，不要当着众人的面跟老板交涉。每个人都需要面子，老板尤其注意面子，当面揭破这层窗户纸，会使他感到很难堪。

最后，即使承诺未兑现，也不必耿耿于怀，更不要泄私愤，继续努力工作，让你的成绩促使老板兑现当初的承诺。

有原则地替老板办事

在很多公司，员工和上司之间的关系就像老鼠和猫，员工的前途都掌握在上司的手中。当上司要求我们做些事情时，是拒绝还是不加选择地答应？

这个问题不难回答，但仔细思考这一问题，就会发现其实很难解决。比如，员工都有这样的顾虑，假如我拒绝了老板的要求,他会不会为难我,或者是在工作中找碴儿?

这个顾虑的确有必要。但是,不妨思考这样一个问题,有的事情我们可以担当,有的委屈则没法承受,不能因为一份工作而违反了自己的原则。

对于老板的请求,我们需要有所取舍。遵循的原则有以下几条。

第一,工作上的事。老板比我们忙,当我们忙完手头的工作准备下班时,老板可能还在办公室处理各种杂事。即使老板没要求你留下,也应该主动询问,是否需要帮助。

帮老板工作,有助于提高我们的能力。帮忙过程中,我们的能力会潜移默化的提高。这是求之不得的机会,拒绝它,意味着我们失去了一个学习的机会。

第二,家中的私事。例如,老板经常出差,家中的小孩上下幼儿园没人接送等。虽然这种事跟我们毫无瓜葛,但还是应该慷慨一些,力所能及地给予帮助。

有些私事,应该拒绝。

首先,那些有损人身清白的事。为了工作,我们可以跟天斗,跟地斗,跟人斗,但不能为了工作而出卖人格。工作中掺杂的某些不人性的内容,即使薪水可观,也应断然拒绝。这不是工作态度问题,而是原则问题,不容商量。

其次,自己的事与老板的私事相冲突。这种情况经常发生,比如星期天,老板要搬家,而你正好有很重要的事要办,这个时候怎么办?最重要的是不要把老板妖魔化,只要向老板说出你的苦衷,相信他会给予谅解。

再次,能力达不到要求不要去帮。温暖的心不一定能带来善良的结果，古道热肠但经常帮倒忙的事也屡见不鲜。当你的能力还达不到工作的要求时，即使老板让你帮忙，自己也应该掂量一下水平，可以坦率地和上司交底，上司自会作出正确的判断。

现在的职场颇为复杂，除了一些正规的大公司外，一些小公司基本上是公私合二为一的，公和私混淆不清。这种情况下，需要借助智慧，理性的作出判断，视情况而定，或从或拒，拿捏好分寸，从容自如。

做个好管理的下属

在集体中，我们都不可避免地需要扮演好自己的角色。僧多粥少，领导岗位毕竟有限，很多有才华的人只能充当下属，那么该如何做下属呢？做个好管理的下属就是支持老板的工作。

刺头几乎让所有的老板烦心，他们认为，能力固然重要，但服从也是必须具备的素质。只有服从管理，执行起来才会不折不扣。

仔细观察一下身边受重用的员工，除了自身具备一定的能力外，服从管理也是他们共同的素质。在业界流行一句话："小公司做事，大公司做人。"意思是，大公司员工的素质基本相当，是否得到提拔看他的人缘以及是否服从。

做个好管理的下属，说起来容易，做起来很难，它需要掌握一定的技巧方能实现。以下的方法可供参考。

第一，及时汇报工作进度。老板让你汇报工作，不是怀疑你的工作能力和态度，而是他需要掌握员工的工作进度，以便于下一步的决策。所以，定期向老板汇报工作是必不可少的一个工作环节。这不仅可以增加老板对你的信任感，而且还能做到与老板的步调保持一致。如果可能的话，可以提前向老板汇报，这会使你更好地掌握工作的主动权。

第二，诚恳接受老板的批评。老板批评员工，都有一定道理。可能是你犯了错，也可能由于其他原因损害了公司的利益。此时解决问题的办法是，坦诚接受老板的批评，不要因为自尊而顶撞老板，这不但无益于化解矛盾，反而会激化矛盾，会让老板有这种想法："这个员工怎么这样不识趣，错了还不承认，以后怎么管理。"一旦老板有了这种想法，就很难改变你在他心目中的形象。

老板的确有容人之量，但他们也不是圣人，也有个性和脾气，一旦冲破他们所能忍耐的底线，就会和我们一样世俗。不要高估了人的素质和涵养，让人不生气的最好办法是自己忍耐，少做错事。

第三，正确对待老板的质疑。老板质疑你的工作，可能你的工作在某一方面的确出了问题。这种时候，不要过于敏感，更不要猜忌老板的意图，只需要思考老板为什么质疑自己的工作，到底在哪方面出了问题。这是正确的心态。

第四，手头工作不忙时，应主动向老板要工作。你的工作做完了，不意味着公司没事情了。由于所处的位置不同，看问题的视野也迥异。此时，应向老板主动请缨，问是否可以安排其他工作。

主动做事，不仅充实了你的工作时间，而且还让老板看到你的忠诚和敬业。这样的机会有百利而无一害，需要好好把握。

第五，跟老板的步调一致。老板在制订年度计划时，每个项目都会有一个期限。我们需要尽可能地配合好老板的安排，努力工作，便于老板下一步工作的安排。如果因为你的原因导致整个工作延后，后果将很严重。

做个好管理的员工，并非指想点子哄老板，拍老板的马屁，而是采取实实在在的措施，使自己成为好管理的员工。

不可打乱职场规则(一)

职场规则虽不像法律那样有明文规定，也不会有人在入职时给予提醒，但我们必须学会遵守，否则就无法融入集体这个圈子，前途也会受到影响。究竟应该注意哪些问题？

第一，不要说上司无能。有些上司看起来的确无能，业务没你好，能力也没你强。你的内心会不平衡："凭什么他当领导，我没看出他有什么过人之处。""老板就是偏心眼。""我当领导比他强多了。"……

这种议论不可有，至少不能在公司议论。

在你看来，上司很无能，但并不表明上司就一定一无是处，可能他的优点你没发现。请记住这样一句忠告："你不要替老板做决定，等你是老板时，才可以说这些话。"

即使上司如我们想象的那样不堪，当既成事实时，我们也应该遵守这个规定。这不是市场上买菜可以讨价还价,它是纪律,必须服从。

第二,不可说上司外行。外行领导内行的事例并不鲜见,很多企业,包括某些研究所也都有外行领导内行的传统。外行不一定做不好管理。

一般人看来,外行领导内行不靠谱,不懂技术,不了解这个行业的规律,如何做出正确决策?看起来这的确是个易被误解的问题。

希望集团董事长刘永行说过:“一个外行,只要思想品质好,有基本的管理才能,加上他急于当内行的动力,我们的企业文化就能开发他的潜力,使他的追求上升到更高目标。他成功了,企业也就成功了,这是一个双赢的结果。”

从外行到内行,也不需要太长时间,即使如量子力学这样艰涩难懂的理论,只要钻研,外行也照样可以参透它,更不必说其他了。

考量一个领导,看他是不是一个内行固然是一个因素,更为重要的是,他是否具备很好的个人素质,包括品行、能力,可塑性等。只要具备极强的能力,用不了多久,外行也可以成为内行。

我们要做的不是轻视外行领导,而是极力辅佐他做好应该做的事。

第三,平衡好直属主管与上级主管的关系。这是一个非常令人挠头的问题。很多时候,直属领导和上级领导意见相左,你又不是执行者,不知该听谁的。解决问题的最好办法是,静观其变,看他们是否能最终达成一致意见。

如果仍有分歧，这时可以请一个领导参加，让他从中协调，督促上司尽快作出决定，这对你执行会有好处。

职场虽不是侯门，但水很深，稍不注意，就有可能溺水。是否能够正确处理这些关系，对前途会产生影响。凡事三思而后行，想好了再做，不失为一种很好的方法。

不可打乱职场规则（二）

一个人在职场上获得成就的大小，跟自身的能力有很大的关系，这是硬件。除此之外，人际关系的处理也很关键，这是软件。只有硬件软件都做得好，才有可能真正不败。

第一，不越级打报告。企业都有一定的组织机构，某一层面上的问题，就在某一层面上予以解决。虽然这没有明文规定，但这是职场潜规则，不可打破。

有些员工由于和直属上司关系不够融洽，便越级打报告，这种做法不可取。即使你的意见是正确的，越级打报告也会被视为不忠。何况，不管你的意见是否正确，都将会被打回原级处理，一旦让直属上司知晓了，这会加剧你们之间的矛盾，你在这个企业的前途也就到此为止了。

第二，不可拉帮结派。团队意识是指为了集体利益而结成牢不可破的联盟，而拉帮结派是搞小团体，三个一群，五个一伙，分割了团队的凝聚力和战斗力，二者不可混淆。

在某个集体中，你可能与某几个人谈得来，有共同话题，便经常聚在一起，久而久之，你们的感情越来越深。而被你们无意间孤立在外的同事，会有一种被抛弃的感觉。他们认为，你们这种做法是针对他们的，也就自觉不自觉地抱成团，跟你们抗衡。这样发展下去，不可避免的把一个战斗力很强的团队分裂成了几个小帮派，从而对公司的整体利益带来伤害。

你可能认为这是无意的，但在老板看来，你是有意为之。他认为，公司利益高于一切，一旦你的行为伤害到集体的利益，即使劳苦功高，老板也不得不挥泪斩马谡。所以，在与同事相处时，跟每个人都要保持相同的距离，不可厚此薄彼，一切以大局为重。

第三，不可在办公室发泄情绪。办公室是工作的地方，老板希望在 8 小时时间里，员工能很好地完成本职工作，他不希望由于员工的个人问题影响到公司的利益。因此，应当谨记，办公室不是发泄情绪的地方。

有一员工，由于家庭方面出了问题，便在办公室痛哭起来。按照情理来说，这名员工应当得到安慰才是，想不到的是，老板不但不安慰，反而让她立即离开座位去外边，等调整好情绪再来工作。

这种做法的确有点不近人情，但老板也有难处。如果因为个人的情绪而影响大家的工作，这责任需要老板来承担，老板当然不愿意。有什么情绪，可以在下班后找地方发泄。

第四，正确处理好与特权员工的关系。职场中，可能会碰到一些特权员工，这些特权员工不是老板的家人，就是亲戚。他们一方面是你的同事，另一方面又是老板的耳目，是否能妥善处理好与他们的关系，对你的发展会产生极大的影响。

你可能会认为，那些“王公贵族”并没有什么真才实学，甚至有点瞧不起他们。这种情绪不可表露出来。对于这种员工，最好的办法是敬而远之，做好自己的事。

第五章

做个忠诚型员工

这是一个忠诚稀缺的年代，虽然忠诚这个话题很陈旧，说了上千年，但正因为可贵，才会被不断强调。做个忠诚的员工，成功的系数就会大大增加。

忠诚是个古老的词汇，大概有史以来，人们就有了忠诚的意识。虽然说了很多年，但人们的忠诚度并不高，上班族尤其如此。不要问别人能给你带来什么，首先要问你替别人做了什么，是否足够忠诚。庸俗一点说，不忠诚也并不能充实你的钱包。做个忠诚的人，何乐而不为。

帮老板解决难题

忠诚是个很陈旧的话题，几千年来人们都在不停地强调它。不断的重温，并没有带来实质性的突破。相反，在当下的社会中，忠诚变得越来越稀缺。差不多每个人都在打着自己的小算盘，算计着自己究竟能从中得到多少好处。口头上的海誓山盟征服不了人心，点点滴滴的行动最打动人心。行动兑现了忠诚时，忠诚才找到了最佳落脚点，才会被人赏识。

1994 年 10 月的一天，疲惫的叶利钦很想通过打猎放松一下自己的身心。这时，列宁格勒州州长打电话来请他去打猎。于是，他接受了邀请，去参观郊外的狩猎场。

那一次随从不多，都身着迷彩服，手拿猎枪，显得很精干。叶利钦注意到一个迟到者，一副军人仪态，迷彩服穿得非常得体，眉宇间透出英气逼人的气势，显得非常自信。州长向叶利钦介绍，这位是市政府第一副主席。

随从们在草地上摆好了桌子及食品，准备边吃边聊。正当他们聊得开心时，突然从灌木丛中蹿出一个庞然大物，不停地转动着眼睛，一步步向他们靠近。

叶利钦当时也很慌乱。他在回忆录中写道:“坦率地讲,野猪的出现使我惊慌失措。当时,由于我讲话时太激动,眼镜掉在了地上。几个随从都钻到了桌子底下,替我找眼镜。此时的情况非常危险。这时,我侧目一看,发现那个副主席沉着冷静,他端着手中的枪瞄准,随后听到两声枪响,野猪中弹倒地。”

当时叶利钦就明白了,需要的人已经找到了,就是他,不妥协,不慌张,敢于负责任。

这个人就是现在俄罗斯的总理、以前的总统普京。

关键时刻,叶利钦的随从们一个个钻到桌子底下,他们可都是叶利钦的心腹。或许,在没有任何危险的情况下,他们表现得十分英勇,也可能向叶利钦表示过某种忠心,一旦危险降临,忠诚与否立刻水落石出。

老板都是聪明人,那种口惠而实不至的甜言蜜语蒙蔽不了他们。即使如我们这些庸人,也能从甜言蜜语中看出破绽。

对于老板而言,不需要我们不停地说忠诚,需要是在关键时刻帮老板排忧解难。

有的时候,老板不是真的碰到什么难题,而是在考验员工是否有忠诚之心,以便决定是否重用。比如一个广东老板,他为选择一个部门经理绞尽了脑汁。在他看来,心目中的人选有三个,能力相当,很难取舍。最后,他决定设下一计考验一下他们的忠诚度。考核的结果是,三个人都不合格。

这个结果让他非常失望。他说了一句推心置腹的话："家族企业的存在还是有一定道理的，找一个跟你没有血缘关系、能力却很强的员工不难，难的是没有不二之心替你工作的人。"

中国的社会是以血缘为纽带维系的。如果我们能够突破血缘关系的壁垒，替与你没有任何血缘关系的老板解决难题，即使你口拙，老板也会对你另眼相看。

正确认识高薪挖角的诱惑

专家把人分为两种：经济人和道德人。经济人，就是指一切以金钱作为衡量的标准，就是所谓的"金本位"。只要不触犯法律，道德在他们眼中就是一张不受约束的白纸，他们会不停地跳槽。道德人，指做事都以道德作为标准的人。

市场上的猎头公司很多，只要你表现出某些方面的优秀，你根本不需要自己找工作，他们会马上盯上你，给你种种诱惑。此时，你该如何把持自己？

很多人会毫不犹豫地回答："人往高处走，水往低处流。个人的价值主要是通过金钱多寡来体现，既然有人高薪挖角，证明我有这个能力，为何不尝试跳槽？"

这种理解无可厚非，但未免过于功利。不妨思考这样一个问题，从平庸到优秀，这中间存在一个巨大的跨度，正是由于公司的培养，才有效地弥补了这一沟壑，成就了今天的优秀。如果没有公司的有效培养，你是否优秀则很难说。

当崇高、不朽、经典被人讥为落伍的时候，我们还是应该反省一下，是否真的不再需要它们了？是否就可以成为赤裸裸的“金钱人”了？就像电视剧《潜伏》中李涯反问他的手下那样：“难道你没有信仰？”

工作需要信仰，有了信仰，一切的诱惑只是昨夜的花香，鼻有所闻，但失去了它应有的香味和魅力。

抗战时期，国共两党共同抗日。为淡化国军消极抵抗的影响，蒋介石亲自到山西督战，此时贺龙担任八路军120师师长。贺龙在黄埔军校学习期间，蒋介石是校长。可以说，蒋介石和贺龙还有师生情谊。蒋介石对贺龙做人做事都很欣赏，很想把他拉过来替自己效力。

一天，会议结束后，贺龙被蒋介石叫到自己的卧室，做推心置腹的长谈，希望以此打动贺龙的心。蒋介石送上了诸多礼物，向贺龙暗示，只要跟随他，将有享不尽的荣华富贵。

令蒋介石尴尬的是，穿着破旧、满身粗棉布衣服的贺龙居然谢绝了他的好意，而且回答得很明确：“一致对外，我无条件配合。除此以外，请尊重我个人的信仰。”若干年后，当蒋介石败退台湾后，仍对此事念念不忘。他曾对身边人说：如果国军多几个贺龙，局面一定会不一样。

当时的情况是，八路军的处境异常艰难，不仅根据地被蚕食，而且衣食住行方面都不可与国军相提并论。那个时候，很多人不确定共产党是否能最终胜利。如果说共产党的最终胜利是策略、态度、耐心等的胜利，不如说是信仰的胜利。只要具备信仰，所有的诱惑都可以拒绝，困难都可以克服。

职场人士之所以成功者寥寥，不是他们缺乏必要的能力，而是他们欠缺始终如一的坚持，一种把企业当家来爱护的执著。总是这山望着那山高，结果不仅没能完成从平凡到卓越的蜕变，反而在眺望远方的瞻前顾后中逐渐沦为平庸。

当有人准备高薪聘请你时，请仔细思考一下，那山是否真的适合你成长、发展，很多人就是因为一时的糊涂，从而失去了本该是自己的机会。想明白了这点，再做决定也不晚。

同公司共患难

共患难，多少年前常被我们的长辈挂在嘴边，许多年过去了，这个词对我们这些年轻人而言有点陌生了。而今，共患难似乎成为一个不合时宜的词汇，被很多人遗忘。

其实共患难从来就没有消失过，它在某个角落经常以孤独的身影出现，只是被我们所忽略。

共患难在每个时代都需要，即使功利化的社会，也有必要。世界每天都有数以万计的公司成立，又有数以万计的公司倒闭。在建立和倒闭之间，更多考验的是老板一个人的神经，而员工往往置身事外。在公司出现危机时，能与老板共渡难关的少之又少。

有个已经倒闭的公司老板曾发出这样的感慨:“工作时员工都很尽力,一旦公司陷入了危机,员工作鸟兽散,恨不得马上走人。如果再开公司的话,我会仔细考量员工的忠诚度。”

员工可能这样反击:我是来打工的,又没卖给你。既然公司出现了危机,我需要为家庭找到下一份午餐,他的事还是由他自己解决。

这样的想法当然没错,老板是法人,应该为自己的前途负责。公司出现危机,首要的责任在他。但有个问题不得不提及,中国历来有滴水之恩,涌泉相报的传统,公司出现危机时,员工甩手走人内心是否会产生内疚感。

真正优秀的员工,从来都不仅仅是锦上添花的角色,他们会雪中送炭。当公司出现危机时,他们始终跟公司站在一起。

苏联卫国战争期间,战争进行得很惨烈,很多红军战士牺牲在战场。上尉埃克谢虽未阵亡,但伤得血肉模糊,接近于植物人。

部队给埃克谢的妻子寄去一封信,要求她把丈夫接回家,使他能够得到充分的疗养。妻子薇拉很奇怪,既然已经分不清谁是谁了,为什么可以确定就是她的丈夫。部队的人说,他们已经从他的口袋中找到了一封信,署名为埃克谢,并写着请将这封信交给薇拉。薇拉对此已深信不疑,便带着丈夫回家了。

几天后，有人来敲门。她开门一看，惊呆了，居然是自己的丈夫埃克谢。埃克谢看到她的表情，不知道发生了什么事，便径直走向里屋，发现床上躺着一个伤员。埃克谢愤怒不已，经过薇拉的解释，他才明白事情的由来。那封信为何在别人的身上？原来，战斗打响后，埃克谢上尉与中士阿廖沙互相交换了信件，并承诺，如果谁阵亡了，谁就替代对方把信件送到其家人手中。

事情终于真相大白，但到此还没有结束。面对一个跟自己并肩作战的战友，埃克谢做出了一个伟大的举动，他安慰阿廖沙，只要他们活着，会永远地照顾他。

我们把老板比喻成阿廖沙当然不妥，不过当公司出现危机时，就像是受了重伤的士兵，急需帮助。此时，我们需要做的是，尽力挽救局面，尽可能地使公司从颓势转化为优势，积极努力，创造一个奇迹。

只要你善意地付出了，即使未得到接受者爱的回馈，请相信，命运总是会以另外一种方式给你补偿，不要吝惜你的爱心和责任心。

我就是企业的品牌

对企业的忠诚不仅仅体现在对老板忠诚这一层面上，如果员工无论何时何地都在维护企业的尊严，体现企业的价值，树立我就是企业品牌的理念，同样是一种忠诚，一种无时无刻不在的忠诚。

罗斯是一家汽车销售公司的员工,每年销售的汽车比同事要高出百分之三十。对于他的销售方法,很多人都感到不可思议。他的方法是,每接触一名新客户,他总是邀请客户去他家做客,然后再谈销售。他的座右铭是,顾客通过我了解公司的诚信程度,我就是企业的品牌。

一天,一对夫妇从外地赶到这里,点名要他服务。他还是像往常一样,请夫妇俩先去他家做客。罗斯的家窗明几净,家具摆放得也很妥帖,夫妇俩看了不停地点头。罗斯拿出了点心热情地招待这两位客人。期间,夫妇俩绝口不提买汽车的事,而是与罗斯拉家常。罗斯一边倾听,一边回答,满足了两人的谈话欲。临走时,夫妇中那位男士站起来说:"我就是杰克·韦尔奇,我们需要你这样的员工。如果你愿意,随时都可以给我打电话。"当然,罗斯并没答应。

这则真实的故事至少给了我们两方面的启示:第一,每个老板都希望员工把自己当成是企业的品牌。只有当员工都能做到这点时,企业才具有强劲的竞争力。杰克·韦尔奇看重罗斯的就是这点。第二,企业只是个架子,每名员工的进入才充实了它。只有每个人都做好了,企业才会欣欣向荣。

不妨探讨这样一个问题:罗斯为什么先把客户带回家,然后再谈销售。按照一般人的销售逻辑,他应该先谈产品才对。这就是罗斯的过人之处。客户在挑选产品时,首先挑选的是这个产品的可靠程度。在他们无法确定产品优劣势时，只有靠对人的鉴别来加以判断。罗斯正是抓住了这点，才使得他的销售成绩斐然。

说得直白一点，把自己当成企业的品牌，就是对企业有一种认同感和自豪感。只有认同了，才会努力工作。

如果想成就卓越，无论何时何地，我们都需要把自己当成企业的一分子，牢记自己是企业的品牌，体现出忠诚度，才能真正地获得成功。

对团队高度负责

在认识上我们总是存在这样一个误区：只要我得到了，别人是否得到跟我毫无瓜葛。这种理解从人性层面上看，倒也无可厚非，毕竟人都是自私的。不过，我们的认识如果足够清晰，就会发现这是一种大谬不然的认识。试想一下，皮之不存，毛将焉附。

美国的经济危机也在提醒我们，任何一个方面的失控，都会产生多米诺骨牌效应，牵扯到每个人的利益。团队跟我们的关系更为密切，如果团队出现了问题，个人的利益无从谈起。

比如三鹿牛奶事件，出事前员工基本上都是铁饭碗，就是因为员工在工作环节上出现了严重的疏漏，加之企业本身也存在一定的问题，结果导致三鹿破产倒闭，员工丧失了原本衣食无忧的生活。

刘太真是唐朝的礼部侍郎，在未考取功名前，他在汉南遇到了与他一样郁郁不得志的包谊，两个不得志的人在一起，自然有很多话要说，并且逐渐成为了好朋友。

有一次，由于一件事，双方争执得不可开交。包谊脾气火爆，性格刚烈，话不投机，居然抓起茶杯砸向刘太真，正中刘太真的额头。二人从此结下了仇恨。

若干年后，刘太真当上了礼部侍郎，而包谊此时还名落孙山之外，没取得任何功名。

那一年的考试，刘太真在主考官家中看到了一篇才华横溢的文章，被其深深折服。再看卷子的作者，是包谊，他想起了那次的结怨，便默不作声地放下了试卷。

按惯例，出榜前宰相都需要最后进行审核。宰相看完这些试卷后，对个别试卷不太满意，便问刘太真是否还有优秀的人选向他推荐。刘太真想起了包谊的试卷，便推荐给了宰相。宰相一看，果然满意。包谊终于考中。

几年以后，当包谊听到此事后，专门拜访刘太真，感谢他的不记仇。刘太真回答说："你的仇我永远记得，但这是为国家选拔人才，我应当推荐。"

按常理，刘太真根本没义务推荐包谊，他又不是主考官，即使上司怪罪下来，也没有任何责任。就是因为他的顾全大局，才给了包谊美好的前途，也为国家招揽了贤才。

很多职场人士都说压力大，做事不顺心。其实这种压力大，并非与工作量及其难度有必然联系，最重要的原因是不合群，缺乏团队理念。有些看似很棘手的问题，只要跟同事商量一下，立刻可以得到解决。

有人会有这样的想法，他是他，我是我，如果他们知道我的做法，那就成了公开的秘密，我的业务还怎么做？

这种想法很自私，即使你有过人之处，也不应该过于保守。团队不需要暴发户的心态，需要的是贵族化的气质。在团队竞争异常激烈的情况下，应该学会让步，不是业务上的让步，而是经验、技巧上的让步。

严重的自利思想，汹涌的个人收益情绪，带不来你想要的结果。只有把自己的利益跟团队挂起钩来，个人期望才得以满足。

服从第一

“不拉马的士兵”是管理界流传很广的一个故事。故事说的是一个刚刚上任的炮兵军官到下属部队视察。令他感到意外，在几个部队，几乎无一例外地发现一个相同的情况：部队操练时，总有一个士兵自始至终站在炮管下面。年轻的军官非常不解，都已经现代化了，还需要站在炮筒下干吗？询问原因，士兵回答，这是操练条例规定的，我们应该执行。

军官回去仔细查看了资料，发现操作条例中的确有这一条。原来，炮兵的操作条例还是承袭当年非现代化时候的规定。在非现代化时代，先把火炮的射程及瞄准目标数据调整好，再由马把火炮送达战场。站在炮管下的士兵的任务就是拉住马的缰绳，防止马来回乱动。

现在的火炮自动化程度已经相当高，不再需要拉马的士兵。但操作规定仍然没改，导致出现了“不拉马的士兵”。

军官发现了这一问题，马上向上级报告这一情况，结果得到了嘉奖。

也许有人会为那些不拉马的士兵感到遗憾，如果他们率先发现这个问题并提出来，嘉奖应该是他们的。事实上，作为一个下属，最大的任务就是无条件地执行。用一句略显绝对的话来说，即使是错的，也要执行，这是下属的天职。他们的粗心大意看似是失去了本该属于自己的那份荣耀，实际上是践行了士兵的职责。

为什么职员不可以像战士那样无条件地服从？部队具有铁的纪律，强调一切必须服从。而我们呢，总是要求人性化管理，结果不但没能人性化，反而使每个人都可以做主了。

我们最大的毛病就是想法、意见太多。每个人都有想法，执行力必定打折。

很多人常常思考这样一个问题：为什么日本在二战后短短几十年时间内，出现了众多的跨国企业。答案当然很多，比如好学、勤奋、节约等，但绝对服从是不可忽视的因子。

去日本企业考察，我们都会发现日本企业纪律严明，上下级绝对有区别，上级说了下级绝对服从。这就是执行力。我们呢，有时拿领导的话当耳边风，执行力如何自然可以想象。

军人其实都是些普通人，只不过经过磨砺后，他们认识到服从的价值，可以超负荷地做出正常人难以做到的事情。如果都能像战士那样不折不扣地完成上级下达的命令,没有怀疑,没有抱怨,我们完全可以跨越从平凡到卓越那道坎儿。

业绩——给忠诚价值

忠诚是必需的,但我们是否想过,在忠诚上再加点什么?在忠诚上再加点业绩,会使你的忠诚更有价值。

经常可以看到这样的场景:老板和主管的办公室"顾客"盈门,他们不是为了工作,而是为了润滑与老板、主管的私人关系。这种做法未免稍显幼稚,套近乎是搅动人际关系很好的手段,但用在老板身上并不恰当,也无效。不管是老板,还是主管,都不会因为糖衣炮弹而对你另眼相看。他们看中的是你从一而终的态度,努力以时间来践履的能力。拿出业绩是最大的忠诚,它比任何方式的投机都管用。

她是一个脾气暴躁的员工,只要有点事不顺心,就会立刻翻脸不认人。很多同事都很排斥她,背地里叫她"巫婆",有的甚至向老板进言,开除她。老板未置可否,不表态。

当不得不谈及她时,老板总是替她辩解:"她人不错,就是性格上有点缺点。一起工作,还是应该互相谅解,谁能没缺点呢!"其实,老板还有一点没有明说,那就是她的业绩。公司几十号人,她的业绩数一数二,曾一度把别人甩得很远。加之她来公司的时间很长,在老员工相继跳槽时，她一直坚守着。

这样脾气暴躁的员工在公司应该没有容身之地，尤其在强调团队精神的公司更是如此。她之所以像稀有动物一样存在于职场，源于她两方面的优势，第一，业绩突出，没人能与她比肩，这是硬指标。第二，就是忠诚。从公司成立那天起，她就与老板并肩作战。正是由于这两点，她才有底气容纳于强调团队精神的集体中。

如果她的脾气好点，合群一点，当然更好。问题是，人无完人，金无足赤，完美的人又可能是平庸的人。

任何一个忠诚的员工，首先都是个敬业的员工，没有业绩上的忠诚不能算是真正的忠诚，对忠诚的理解也会流于肤浅。1937 年，国共两党合作。国民党高级将领张治中推荐周恩来担任政治部主任。张治中的建议被蒋介石一口回绝：当政治部主任不行，如果你一定坚持，让他当财经委员会主任。

令蒋介石始料不及的是，不仅仅张治中，连邓演达等人也向蒋介石推荐周恩来，这让蒋介石不得不仔细思考一番。蒋介石知道周恩来的能力，但限于他是共产党员，便有意打压他。“如果他能替我办事，那会是个不错的结果。”蒋介石的心头出现了这样的念头。

他决定为周恩来屈尊俯就，设宴招待周恩来，向周恩来暗示他的想法。周恩来知道他话中隐藏的玄机，便一口回绝：“此事只能由中央决定，我个人做不了主。”蒋介石只好悻悻离开。

一个人的能力出众，再加上忠诚，就可以使忠诚的价值提升。周恩来就是个例证。在忠诚于公司的同时，别忘了给工作添加点含金量，创造出更大的利润。这不仅是忠诚，而且是更大的忠诚。

负责任就是忠诚

不管是多么庞大复杂的企业，如果给它简单化还原，就是只要员工都能真正地负起责任来，把自己经手的事做好，做到位，勇敢地负起应该承担的责任，企业的一切工作将变得简单起来。

但是，不要轻视做好，做到位，就是负责任。很多企业之所以在竞争中败北，不是宏观决策上出现了失误，而是微观上的一点点耗损使得它油尽灯灭。这比宏观上的决策失误更不可救药。

揭开纷乱的表象，可以看到这样一个事实，员工的心态基本上停留在凑合的层面上，没有真正具备负责任的意识。责任是老板心中说不出的痛，比如当老板希望员工能分担他的压力时，往往变成美好的一相情愿，关键时见不着员工的影子。

有一个讲一位著名禅师爽约的故事。老禅师德高望重，名声远播，众多弟子都想当面聆听他的教诲，禅师也答应了。就在约定日期到来的时候，禅师突然变卦，一句“有事，不能来”打发了几百号信徒。这个故事与职场无关，但与责任和诚信有关。

涵养深厚的禅师居然也会爽约，可能一辈子只有一次，但仅有的一次，已经足够说明问题。即使如修行多年的老禅师也可以为自己的事，抛下几百人于不顾，何况生活在俗世中的我们。可以想见，我们的责任心有多淡薄。

有人会这样辩解：“现在我们挺负责任啊，工作起来很认真，没你想象的那么严重。”这只是表象化的分析问题，深入实质可以发现，员工自动自发负责的意识基本缺失。我们所看到的负责任，是在老板的看管和量化工作指标下，出现的虚假繁荣。一旦失去了这两条，员工会像放羊一样散漫、无序。

著名的职场培训大师阿尔伯特·哈伯特曾说：“所有成功者的标志都是对他们自己所说和所做的一切负责。”

广东某企业在一个星期六接到从欧洲传真来的一笔订单。可能是时差的问题，本来星期五应该传真过来的订单，拖到了星期六，并且要求在一个星期内发出这笔货物。

面对这样一份大订单，加之时间上的紧急，老板心急如焚，如果在短短一个星期内交付这批货物，员工都需要加班。

他知道，此时的员工分散在市内的各个角落。为了这份订单，他还是抱着试试看的心态来到员工宿舍，发现有两名员工正在休息，便向他们讲述了事情的经过。员工没有丝毫犹豫，马上表示跟同伴联系。

外出的员工有正在邮局、银行给家人寄钱的，有正在逛街的……此时，他们都收到同一条信息，尽快赶回，有紧急任务。令老板意想不到的是，这短短两句话，使员工在不到一个小时的时间里，从市里各个角落迅速集中到了工厂，并在车间站成一排，像等待阅兵一样，关键时刻展现了自己的忠诚。

老板哽咽了。他坦言，从没见过这么好的员工。

责任从本质上说，它就是另一种形式的忠诚。当我们拾起属于自己的那份责任时，就是对公司、老板最好的报答。

严守公司的秘密

提起可口可乐公司，恐怕在非洲丛林居住的部落也不陌生。可口可乐公司能基业常青，一百多年来从未被同行超越，很大一个原因在于它的神秘配方。

在美国，很长一段时间以来，保密时间最久的并不是政府或军事机密，而是可口可乐的配方。这个神秘的配方除了公司高层极少人知道外，其他人一概不知，也无从打听。

可是，这样一个著名的跨国企业，居然内部也出现了奸细，奸细窃取配方并把它卖给公司的死敌——百事可乐公司。好在公司发现及时，并马上向联邦调查局报告，才使得这一秘密没被公布于世。

偌大的企业，竟然对小小的配方爱护得如同掌上明珠，可见秘密对公司的重要性。可以说，正是由这些秘密，才成就了它的辉煌。

跻身于世界500强的大公司，几乎每家都设有保护商业机密的部门，专门从事商业情报的保密工作。比如英特尔公司，甚至把前来采访的记者都当成假想敌，除了餐厅和大门外，绝不允许记者拍照。

然而即使保密工作的系数达到满额，可还是少不了泄密者。有些公司正是由于核心机密外泄，顿使企业一蹶不振，从而失去了竞争力。

在诱惑颇多的今天，人很容易背叛自己的良心，为了金钱出卖灵魂的事情并不鲜见。美容界有句很有名的话，管住你的嘴。意思是说，不贪吃，比做什么美容都强。这句话用在严守公司秘密上同样适用。很多公司之所以能在市场占据一席之地，很大程度上就源于别人无从效仿的核心技术。一旦机密泄露，就像被人抽走了魂一样，没了精神。

作为公司一员，有义务保守公司的秘密，"出你的口，入我的耳，决不让第三人知道；不出我的口，你永远不知道"。

那些出卖机密的内奸，看似聪明，其实根本未能洞悉最基本的生存道理：出卖时，你有可能得到一笔不菲的报酬，可事情一旦暴露，终身名誉由此毁于一旦。别指望怂恿你的人会接受你，他们也在盘算你是否会频繁背叛。

工作中的秘密很多，诸如文件、数据、一句话、一个电话等，如果不能妥善处理，都可能成为泄密的渠道。严守秘密不仅仅是老板和高管的事，也是普通员工的事。

私心不可过重

著名哲人海德格尔曾说过:“为别人考虑,就是为自己考虑。”这句话很容易理解,当别人需要你时,不管是物质上还是精神上,你才有存在的价值。世俗一点解释就是:当你想卷走每一分钱时,别人不会给你这个机会。这就是现实。

生活,就是不断妥协的过程。如果私心过重,很难在某个群体中立足。

她是一家公司的业务主管,业务能力很强,为人也不错。不过最近,她的性情变得十分古怪,不但为了一点小钱与同事斤斤计较,甚至发展到跟下属抢业务的地步。不属于她的业务,她也横插一杠。同事为此怨声载道,不堪忍受后直接向老板告发。

老板了解情况后,发现她最近买了一套房子,首付即把家底全给垫了进去,而且月供也不菲,这成了她的一个大负担。老板同她谈过两次,每次她都满口答应。应允后又故态复萌,老毛病一点不改。最后,老板只能忍痛割爱,让她离开公司。

这是一个悲剧,不管是对她,还是对公司。她失去了应有的财政来源,而公司,则失去了一个业务骨干。

私心过重往往会损害集体的利益,进而影响到职场上人际关系的和谐。不管你多么有才华,当个人利益凌驾于集体利益之上时，这种利益绝对靠不住。

私心不但会影响人际关系，还会给升迁带来负面影响。你的上司准备晋升你时，他会仔细斟酌你是否是个私心过重的人。

高婷是一家杂志社的责编，业务水平没说的，属拔尖级人物。杂志社最近又申请一个刊号，准备着手办另一份刊物。在物色主编时，高婷也被作为候选对象提了出来。

可领导开会时，几位领导都对高婷有意见，其中一个副社长更是直言不讳地说她私心过重。这位副社长还拿出了证据：她不仅频繁与同事争利，还在暗地里给某些公司写软文，收取润笔费。而创办的新刊物存在诸多的利润空白点，把刊物交给她，是否会滥用职权则很难说。

领导再三权衡，都认为道德应被放在第一位，于是舍弃了她。高婷接受不了这个事实，愤而辞职。

曾有人撰文说，欧洲贵族之所以是贵族，主要是他们懂得让步。我们可能成不了贵族，但有一点应注意，少一点私欲，多一点让步，才能获得更多，包括我们所渴望的物质财富和精神财富。

置身事外，是不忠诚的表现

公司就像是一部剧本，置身其中的我们都是这部剧本的主角。如何把这部反映自己的戏演好，则关系到每个人的命运。

在这部剧本中，既不能抢镜头，也不能过分谦让，该你演时必须把它演好。当然，如果在别人演时你不闻不问，置身事外，会造成这部剧的不完美。因为至少，你对这部剧的态度还是不够积极。

不知道这种含蓄的表达方式是否说清楚了问题的实质，真实的意思是，作为团队中的一员，不管身处何种位置，当别人遇到困难时，都应该给予力所能及的帮助，置若罔闻不是一种忠诚的表现，幸灾乐祸更不被允许。

不管有怎样的抱怨，彼此之间存在怎样的隔阂，有一点需要清楚，每天在一起工作八个小时，这占去了一天中三分之一的时间，公司是除了家，待的时间最长的地方，我们没有理由不为这个“家庭”负责任。

遗憾的是，我们看到的情况是，置身事外往往多于设身处地。多数人普遍存在的心态是：“他的麻烦是他自己招惹的，跟我有什么关系。”“他有麻烦才好呢，我又失去了一个竞争对手。”“如果他的业绩滑坡才让人痛快。”“我又不是他家人，为什么要帮他。”……

这些议论至少存在两方面的误区。第一，当我们出主意替别人解决了麻烦事，且不说融洽了彼此的关系，更为重要的是，在无形中增强了我们解决问题的能力。在遇到类似问题时，可以游刃有余地解决。吃亏是福讲的就是这个道理。经验是在处理相同或相似事情中获得的。第二，帮助同事，并不是仅仅帮助某个个体，而是在帮助公司。

真正忠诚的员工，他们绝不会有诸如以上的想法，他们所想的是，同事的麻烦就是我的麻烦，我有义务帮助他。

甲骨文总裁曾说："只要我听见员工说这不是他的事，我会做两件事，一是质问他，那这是谁的事。二是立即让他走人，一分钟也不让他在公司停留。"

甲骨文总裁是出了名的火爆脾气，很多员工都领教过他的个性。不过，到目前为止，员工并没有因此原因而离开；相反，他们一个个都很自觉，即使不是自己的事，也主动分担一部分压力。

不是自己的事，自己做了，这亏值得吃。任何有效的付出都不会白费，即使身边没有一个人记住你的好，但也会失之东隅，收之桑榆。

公司中没有不关我的事

佛问弟子，一滴水怎样才不会干涸。弟子们面面相觑，不知如何作答。佛笑道，把一滴水融进大海中。一段充满禅意的对话，道理说起来很简单，把自己融入集体中，个人价值才能得到充分体现。

这个道理其实我们都懂，比如古语"人心齐，泰山移"就与此有异曲同工之妙。这样一个简单的道理，但运用起来往往会走样。

有人会这样反问，帮同事做事对我有什么好处。这种反问功利而短视。表面看来，付出了超额的劳动，却未得到利益上的回报，的确吃亏了。但是，是否可以从反面考量这个问题，假如不帮助同事，是否会得到利益。答案显而易见。

同事困难时帮助一把，可以带来诸多好处。其一，融洽了同事间的关系。很多人就是因为帮助了同事，而扩大了人脉，从而使自己变得长袖善舞。其二，投桃报李。人都有感恩之心，在你无目的的帮助下，最容易得到他人爱的回馈。其三，在帮助中提高自己的技能。

著名投资专家约翰·坦普顿通过观察发现，优秀员工与一般员工工作强度的区别并不大，优秀员工只是多做了一盎司的工作。就是这细微的差别，却带来了迥异的结果。一句“不关我的事”看似轻松，往往会使公司失去一次盈利的机会。很多时候，公司之所以经营不善，不是大方向上有错误，而是类似“不关我的事”这样的没有责任心造成的。

罗斯福是除华盛顿、林肯以外最为人称道的美国总统，他为人和善，说话讲究方式，很少无缘无故地发脾气。可有一次，他破例了。

二战前期，美国还未被卷入战争。罗斯福不断接到英法等国的求援信函。这一天，罗斯福照例来到办公室，得知前一天下午他离开办公室时，英国方面给他发来了请求美国参战的信函。

罗斯福找遍了办公室，也没发现那份信函。他叫来秘书，问其是否知道信函放在了什么地方。秘书的回答让他很恼火，“信函不是我处理的，我也不知道放在了什么地方”。好脾气的罗斯福顿时火了：“那你应该知道什么，只知道每个月领薪水吗？”罗斯福的这次发怒，被称为“最愤怒的一怒”。

那位秘书看似无辜，其实是有责任的。第一，他是秘书，应该妥善处理好这个问题。第二，即使不是由他经手的，也应该立即帮忙寻找，而不是推卸责任，用我不知道搪塞。

作为集体中的一员，拿着老板付给的薪水，就一定要把公司的事当成自己的事，站在公司的立场上考虑问题。更为重要的是，无形中也帮助了我们自己。

让产品零故障就是忠诚

日本有一家生产复印机的公司，它的产品曾一度占据整个日本市场，竞争对手被它一一击垮，可谓红极一时。

正如著名技术大师朱力亚尼所说："红极一时的背后暗藏着波涛汹涌的激流，任何一个畅销的产品，技术上都存在诸多的漏洞，如果不改进技术，对手就可能找到方法，给以最伤筋动骨的一击。"

朱力亚尼一语成谶。没过多久，这家公司的产品频繁出现毛病。

当时老板召集技术人员开会，讨论此事，技术人员不知出于什么原因，始终坚持售后维修比改进技术办法要好，还列举了很多例子，这使得老板不得不信服。

公司招聘来大批维修工程师，从事售后服务，并从中获得了不菲的收入。正当他们认为这个计划切实可行并认为正确无误时，竞争对手敏锐地嗅到这是一个千载难逢的机会，决定加大投入进行技术攻关，开发新产品，迅速占领了市场，从而夺走了大部分的市场。

这家公司的垮台，老板当然有责任。他应该根据自己的判断作出决定。员工也负有很大的责任。老板不是全才，并不是方方面面的内行，他需要听取员工的意见。技术人员貌似合理实质上偷懒的分析报告，是这家公司垮台的最大推手。

不妨进行这样一番考量，任何一个有故障的产品，顾客用起来都不会开心。他们花钱买产品，需要的是方便，而不是在使用过程中的提心吊胆。维修可能很到位，但是，维修毕竟是一件不让人愉快的事，超过保修期还需要收取费用，没有谁愿意掏钱买东西，又掏钱维修。

对于技术型员工而言，产品零故障就是对公司最大的忠诚。

任何一个成功的企业，都拥有一批技术精湛、敢于创新的员工。比如微软，只要软件出现了小小的漏洞，他们便会如临大敌，立即修复，决不拖延。这种速度也是成就微软辉煌的一大动力。

然而目前更多技术员工的现状是，技术创新不积极，把产品卖不好的责任推给销售。言下之意，销售水平差才导致产品滞销。或者是，维修员工不够积极，导致顾客怨声载道，就是不把矛头指向自己。

某企业的工程师曾直言不讳地说："公司强调产品零故障，我认为是天方夜谭，且不说没有百分百的完美，即使不断改进，也会有缺陷。况且，创新太累，谁愿意总是跟创新较劲。"

不敢说这是技术型员工的普遍心态，但谁也不能否认有这种情绪存在，这是不忠诚、不敬业的表现。

忠于老板就是忠于自己

有一位人力资源总监说了这样一个笑话：有一美国企业代表团来中国访问，参观中国的企业。一天，代表团参观某企业时，企业家们发现餐厅里员工吃的食物很差，他们非常生气，吃的食物这样差，员工们怎样干活？当他们来到车间参观时，发现员工一个个懒洋洋地坐在那里，一副无精打采的样子。企业家们同样很生气，就这种态度，不能给他们饭吃！

在这看似笑话的背后，暗藏着职场中难以解开的症结——单向忠诚和双向忠诚的问题。老板总是在强调员工要忠诚，而员工又要求老板对他们好一些，彼此均站在各自的立场上不肯让步时，最终的结果是两败俱伤。

美国前总统肯尼迪的一句名言曾感动了全体美国人，他说：“不要问美国为你做了什么，你们要思考，你们为美国做了什么。”

非洲某长跑运动员，参加奥运会时，由于缺乏系统训练，导致比对手晚几个小时才到达终点。等他到达终点时，工作人员几乎都离开了。被问及为什么要完成比赛时，他的回答令人动容：“我是代表国家来参加比赛的，不能给她丢脸。”

老板和员工的僵持，吃亏的是员工。僧多粥少的现实不得不让我们做出让步。做出让步不是件丢脸的事，它能体现出我们的忠诚。

德国诺德公司总经理就曾诙谐地说:“从我进公司开始,就不停地让步,让步让我坐上了总经理的位置。”

他是一家公司的经理,由于职位关系,掌握着公司诸多秘密,包括技术上的核心机密。一天,一个朋友很神秘地打来电话,约他晚上吃饭,说有事要谈。他也没多想,便答应了。当他到达约好的餐厅时,发现并非只有朋友一人,还有一位陌生人。朋友向他介绍了这位陌生客人——香港某公司老板。不用朋友过多说明,他就已知晓这顿饭的用意了。

这个老板与自己是同行,也是竞争对手,做的是同一种生意。最近两年由于技术上的关系,他的公司逐渐蚕食了原本属于港商公司的那份市场。港商见自己的地盘一步步被侵蚀,便想出了这样一个主意,拉拢对手的核心人物,窃取秘密。这次会面就是为此目的而来。

他当然是个聪明人,知道其中的利害。但在港商的一再引诱下,一步步地上了贼船。最后,不但没得到口头承诺的那些报酬,还遭公司起诉,成了阶下囚。

从这个故事中,可以得出不少的启示,最显性的一条是,对公司忠诚,其实就是对自己忠诚。

轻视工作就是不忠诚

在很多人看来,工作的确有高低贵贱之分。有的工作光鲜、耀眼,夺人眼球。而另外一些工作,人们则保持一种审慎的态度，即使不鄙夷，也很难用正眼瞧一下，这就造成了工作上的三六九等。

这样的例子并不鲜见，比如我们曾经看过不少这样的报道，某地某人下岗了，由于害怕碰见熟人，搬到离住处很远的地方开起了小吃店。再比如，有人宁愿不工作，也不愿干那些所谓不体面的事。世俗的眼光就是这样害人，它能让能够生存变得无法生存。

“行行出状元”略显矫情，但事实的确如此。不说那些大道理，说句略带拜金的话，能赚到钱的工作就是好工作。不管什么工作，只要做好了，都能赚到很多钱。

她是一个普普通通的打字员，相貌也不算标致，她曾被人讥笑为，只要找，满大街都是的人。就是这样一个常被人讥笑的职业，到了她的手上居然做得很好。

她打字的速度无与伦比，一分钟至少打一百六十个字。有时候连电脑也反应不过来，出现死机现象。老板给她的评价是，一个把平凡工作做到伟大的人。

她所在的公司挺大，有五百多人。就她的职业而言，根本不显眼，甚至有点羞于提及的意味。但是由于她的努力，成了老板眼中的红人，工资不比管理层员工低。这是能力决定收入，不是工作类型决定收入。

“我真不想干这种工作，太累人了。”“以我的能力，干这样的工作实在太丢人。”“没办法，先凑合干吧，等机会再跳。”……

这样的议论我们没少听见，可是，他们还是没能认清事情的真相，导致看轻自己的工作。换个角度说，那些所谓光鲜的工作毕竟有限，十几亿人总不能为那极少数的位置而活。

工作的性质并不重要，能不能受人尊重，主要是看能不能把它做好，这是关键。

他仅仅是小学毕业，20 世纪 80 年代，当人们还在面朝黄土背朝天地干农活时，他只身一人从老家来到北京。他干的正是别人不屑于做的工作——收废品，挨家挨户地收。

到 90 年代中期，他开了第一家废品收购站，赚了不少钱。正当人们以为他会就此满足时，他开的废品收购站越来越多，最高峰时达到 12 家，员工 100 多人。

现在每次回家，他都受到热情接待，那架势丝毫不亚于一个领导的受欢迎程度。为什么？他把一个人们潜意识中上不了台面的工作做到了辉煌，这是他受欢迎的真正原因。

重视自己的工作，然后才能做好。不管做什么，只要做好了，就一定能得到老板的青睐。

诚实让人信赖

在深圳，有个从农村来的妇女，没什么文化，曾给人当过保姆。后来在街上卖胶卷，一个胶卷只赚一毛钱，生意由此越做越好，还置了不少房产。

如今她开了一家摄影器材店，一个胶卷还是只赚一毛钱。深圳的摄影爱好者没有不知道她的。

外地人的钱包丢在她那儿，她会打长途电话联系，直到联系上对方把钱包交给对方为止。

这是一个没多少文化的妇女，她能挣很多钱，不是因为钻营，而是诚实。诚实不需要什么文化，只需要按照良心去做就可以了。

古代有一个国王，由于没有儿子，缺少继承人，便昭告天下，要挑选一位优秀的孩子担任他的继承人。他拿出种子，分发给前来的孩子们说："谁能培育出世上最美的花，谁就是我的继承人。"孩子们在父母的帮助下，播种浇水，精心看护。

有一个小孩，他和家长也在努力地培育世上最美的花。可是，不管他怎样努力，种子仍没有发芽的迹象。

国王接见的那一天到了，其他小孩每个人手上都捧着一盆美丽的鲜花，唯独他的盆中什么都没有，他感觉很沮丧。国王见了，问他："你的盆里为什么没有鲜花？"他如实回答说："种子没有发芽。"国王听了，满心欢喜地昭告天下："他就是我的继承人，因为他是一个诚实的人。"

原来，国王交给孩子们的种子都是煮熟了的。

钻营、玩小聪明可以得逞一时，但长久地被信任还是需要诚实。职场也如此，钻营能获得老板一时的青睐，但时间一长，老板还是会改弦易辙，去重用那些很诚实的人。这一点我们必须认识清楚。